**6G와 AI 시대의
우주산업**

6G와 AI 시대의 우주산업

박종숭 지음 **심수연** 엮음

메디치

추천사

대한민국은 이제 '우주를 향한 여정'에서 더는 머뭇거릴 수 없는 시점에 도달했습니다. 그동안 정부 주도의 우주 개발이 의미 있는 초석을 다져 왔다면 이제는 민간이 주도하는 새로운 도약이 필요한 때입니다. 세계는 이미 '뉴 스페이스New Space'라는 이름으로 우주산업의 패러다임 전환을 이끌고 있으며, 우리는 그 흐름에 능동적으로 참여해야만 합니다.

박종승 전 국방과학연구소ADD 소장은 수십 년간 대한민국의 국방 과학기술 발전을 이끌어 왔고, 실전적 기술력과 전략적 시야를 겸비한 보기 드문 공학자입니다. 이 책은 박 전 소장의 실제 현장 경험이 녹아든 결과물로, 단순한 이론을 넘어 실현 가능한 비전과 설득력 있는 방향성을 제시합니다. 저자는 대한민국이 왜, 어떻게 우주로 나아가야 하며, 그 중심에 왜 '민간'과 '인재'가 있어야 하는지를 잘 설명하고 있습니다.

로켓, 위성, 우주 탐사, 우주 인터넷 등 우주를 매개로 한 산업 전반은 향후 수십 년간 인류의 삶을 근본적으로 변화시킬 새로운 성장 동력이 될 것입니다. 하지만 이를 가능하게 할 매개체는 결국 사람, 곧 도전적이고 창의적인 과학기술 인재들입니다. KAIST는 지난 수십 년간

그래 왔듯이 우주 분야에서도 과학기술 인재를 양성하며 국가의 혁신 성장에 기여하고자 합니다. 2024년 9월 설립한 우주연구원이 도전적 미래 우주 임무 수행과 핵심 우주기술 연구에서 중추적인 역할을 할 것입니다.

우주의 문은 이미 열렸습니다. 이제는 누가 그 문을 통해 먼저 나아가느냐가 관건입니다. 이 책이 대한민국의 젊은 인재들에게 꿈을 심어 주고, 더 나아가 우리 모두에게 우주를 향한 확신 있는 발걸음을 내딛게 해 주는 계기가 되기를 바랍니다.

-이광형 KAIST(카이스트) 총장

전 세계적으로 지금은 디지털 전환이 한창입니다. 항공우주력에도 패러다임의 대전환이 진행 중입니다. 인공지능^{AI}이 전쟁의 양상을 바꾸는 '게임 체인저$^{game\ changer}$'로 등장했으며, 우주가 미래 전장의 승패를 좌우하는 핵심 영역으로 자리 잡는 등 방산 시장부터 시작해 국가안보력 구축까지도 혁신을 요구하는 전환기에 들어섰습니다. 이런 현실에서 그동안 대한민국이 축적해 온 기술 우위를 유지하고 더 차별화하려면 기술 개발과 함께 전문 인력의 양성에 심혈을 기울여야 할 것입니다. 해외에서는 대학도 이론적 연구에서 벗어나 학제적 연구와 실용적 성과 창출이 가능한 구조로 재편하고 있습니다. 이미 해외 유수의 대학이 실용적 첨단 기술을 선도하고 이를 기반으로 유망한 스타트업들을 배출하며 경제적 가치를 창조하는 형태로 전환하고 있듯이 우리 대학들도 융합적 교육과 연구로 전환해야 할 때입니다. 정책의 전환을 고민해야 하는 이유입니다.

이 책에는 방산 경쟁력의 산실인 국방과학연구소에서 전략무기 개발에 평생을 바쳐 온 박종승 박사가 한국항공대학교의 석좌교수로 재직하면서 늘 주장해 왔던 내용이 고스란히 담겨 있습니다. 저자가 현장에서 기술 개발을 지휘하고 경험하며 학습한 노하우를 정리한 이 책은 대한민국이 나아가야 할 항공·우주산업의 방향성을 잘 제시해 놓았습니다. 특히 우주 강국으로 발돋움하기 위해 미래 대한민국이 고민해야 할 부분을 속속들이 짚어 준 저자의 통찰력과 여러 정책적 시사점이 돋보입니다.

혁신적 기술이 속속 접목되고 있는 항공·우주 분야 정책에 분명한 방향성을 제시한 대목은 이 책의 백미라 하겠습니다. 대한민국의 모든 방산 관계자와 정책 담당자에게 이 책을 권하고 싶습니다.

- 허희영 한국항공대학교 총장

이 책은 '우주'를 이야기하지만, 단순한 과학의 영역에 머물지 않습니다. 'K-첨단 우주 방산'이라는 국가 전략의 결정적인 핵심 요소를 소재로 해서 현재 전환점에 서 있는 대한민국이 어떤 길을 가야 하는지에 관한 방향성을 제시하고, 우리 앞에 놓인 현실과 기회를 정밀하게 그려내고 있습니다.

이제 우주 안보는 선택이 아닌 필수입니다. 우주는 곧 정보며, 정보는 국방입니다. 지금 세계는 전장을 지상에서 우주로 확장하고 있으며, 우리 역시 이 흐름에 능동적으로 대응해야만 진정한 국방과 미래 안보를 이룩할 수 있습니다.

국회 국방위원회에서 오랫동안 지켜봐 왔던 박종승 박사는 국방 과학기술 분야에서 엔지니어이자 리더로서 헌신한 대한민국의 전략무기 전문가입니다. 저자가 오랜 시간 축적한 경험과 통찰을 담은 이 책은 더 깊이 있는 전략적 시사점을 전해줍니다. 특히 한·미 미사일 지침 해제와 더불어 본격화된 고체 우주발사체 개발과 국방 우주 역량 강화의 흐름을 짚어내며, 민·관·군의 통합 전략이 왜 필요한지를 설득력 있게 말해 줍니다.

지금 대한민국은 과거 그 어느 때보다 우주로 향한 도전의 문턱에 가까이 서 있습니다. 우리는 단순히 위성을 쏘아 올리는 나라가 돼서는 안 됩니다. 우주를 통해 안보를 완성하고, 기술을 통해 미래를 지배하는 나라가 돼야 합니다. 이 책은 그 비전으로 향하는 여정의 좋은 이정표가 되어 줄 것입니다.

K-방산의 다음 발걸음은 K-첨단 우주 방산입니다. 그 도약을 위해 정책과 기술, 산업 측면을 다각도로 함께 고민해야 할 지금, 이 책이 많은 이에게 영감과 통찰을 주리라 믿습니다.

- 안규백 국회의원, 전 국회 국방위원회 위원장

박종승 전 국방과학연구소 소장은 제가 미사일사령관으로 재직하던 시절, 대한민국 전략무기 전력의 핵심 파트너였습니다. 이후 국회의원이 되어 국회 국방위원회에서 활동하면서도 긴밀히 소통해 왔습니다.

이 책은 박 소장이 그간의 경험과 통찰을 바탕으로 우주 방산이라는 새로운 안보 전략을 제시한 결과물입니다. 책에서는 특히 한·미 미사일 지침 해제 이후 대한민국이 확보한 전략적 자율성과 그에 따른 우주 기반 감시정찰, 통신, 우주 전력의 연계 가능성을 설명합니다. 나아가 정부, 군, 민간의 협력적 거버넌스 구축 필요성까지 균형 있게 제안합니다. 이는 제가 오랜 군 생활과 국회의원 활동을 통해 느껴 온 방향성과도 맞닿아 있습니다.

우주는 이제 선택이 아닌 필수입니다. 정부, 군, 민간이 유기적으로 협력해야만 대한민국이 진정한 우주 강국으로 도약할 수 있습니다. 이 책이 미래 안보를 고민하는 모두에게 통찰과 방향을 제시해 줄 것이라 확신합니다.

- 김병주 국회의원, 전 한미연합군사령부 부사령관

수십 년간 국방과학연구소에서 미사일 개발을 주도해 오신 박종승 전 소장은 제가 군사전문기자 시절부터 오랜 기간 소통한 인연을 갖고 있습니다. 저와 소통할 때마다 '왜 우리에게 미사일이 중요한 전략무기고, 대량으로 확보할 필요가 있는가'를 열정적으로 강조하시던 모습이 늘 인상적이었습니다.

대표적인 미사일 전문가인 박 전 소장께서 이번에 선도형 우주 개발의 중요성 등을 강조한 책을 쓰셨습니다. 이제 군사적인 면에서 우주의 중요성은 아무리 강조해도 지나치지 않은 시대가 됐습니다. 러시아-우크라이나 전쟁에서 민간 상용 전자광학 및 SAR 위성, 스타링크 등의 활약은 놀라웠습니다. 민간 우주 역량을 적극적으로 활용하지 않으면 제대로 전쟁도 할 수 없는 지경에 이르렀습니다. '앞으로 모든 전쟁은 우주에서 시작된다'는 말은 이제 과장이 아닙니다. 그런 점에서 박 전 소장의 이번 책은 우주 분야 업무에 종사하는 업체와 민간, 군 관계자들은 물론 우주 분야에 관심 있는 일반 독자에게도 다양한 지식과 영감을 줄 수 있을 것으로 기대합니다.

- 유용원 국회의원, 전 《조선일보》 군사전문기자

이제 우주를 더는 과학기술만의 영역으로 볼 수 없습니다. 우주는 정보와 안보, 산업을 아우르는 전략적 공간으로 재편되고 있으며, 이 공간에서 대한민국이 추격국에서 우주 선도국으로 도약하려면 기술을 초월하는 전략이 필요합니다. 전략 실현의 핵심은 정부의 지속적인 관심과 민간의 창의성이 조화를 이루는 데 있습니다. 정부는 우주산업의 생태계 형성 및 민간기업 육성을 위한 실질적인 제도 기반을 마련해야 하며, 민간은 실행과 혁신의 주체로서 혁신을 통해 경쟁력을 확보해 실질적인 성장으로 나아갈 준비를 계속해야 합니다.

이 책은 발사체, 위성, 정보 활용 등 우주산업 전 주기에 걸쳐 준비해야 할 자산과 거버넌스를 균형 있게 다루며 K-방산을 넘어 K-첨단 우주 방산의 실현을 위한 전략적 조건들을 짚어 주고 있습니다.

우리나라 최고의 전략무기 전문가인 저자의 연구와 고민을 오랜 시간 산업 현장에서 지켜봐 온 한 사람으로서, 저자의 통찰에 깊이 공감하며 이 책이 제시한 방향성이 곧 현실화되기를 기대합니다.

좋은 책을 내 주신 저자께 진심으로 감사드리며, 이 책이 우주를 향한 대한민국의 다음 걸음을 응원하는 모든 분에게 널리 읽히길 바랍니다.

- 손재일 한화에어로스페이스 대표이사

지금 세계는 AI, 로보틱스, 우주, 모빌리티 등 핵심 기술 분야에서 단순한 혁신을 넘어 패러다임의 대전환을 겪고 있습니다. 미국의 실리콘밸리를 중심으로 한 빅테크 기업들은 막대한 자본력과 세계 최고의 인재들을 기반으로 새로운 시장을 창출하고 있으며, 상상을 초월하는 속도로 기술적 독점을 강화하고 있습니다.

이런 변화는 방위산업과 민간 기술의 경계를 허물고 있습니다. 팔란티어, 안두릴 등 실리콘밸리 기반의 기업들은 AI를 기반으로 전쟁의 개념 자체를 재정의하고 있으며, 스페이스X와 유텔샛원웹, 아마존, 텔레샛 등은 전 지구적 저궤도 위성통신망 구축을 통해 통신과 안보의 패러다임을 변화시키고 있습니다.

지정학적으로도 러시아-우크라이나 전쟁과 트럼프 재집권 이후의 국제질서 변화는 자국 중심의 일방주의 강화와 동맹 체계의 재편으로 이어지고 있으며, 유럽은 이에 대응해 자체 방위력과 방산산업 강화를 본격화하고 있습니다. 이런 기술적·지정학적 변화는 대한민국의 기술 기업과 스타트업에 거대한 기회가 될 수 있습니다. 민간 기술 기반의 혁신이 국방과 우주 분야로 확장하며, 세계 무대에서 성장할 수 있는 여지가 그 어느 때보다 커졌습니다.

이 책의 저자인 박종승 전 국방과학연구소장은 수십 년간 대한민국 국방 과학기술을 이끌어 온 선구자로서, 우주와 방산 분야에서 우리 기업들이 나아가야 할 전략적 방향성과 역할을 제시합니다. 민간기업의 더 적극적인 참여와 글로벌 시장 진출의 필요성을 강조하며, 실천적 통찰을 담아냅니다.

이 책이 우리나라의 수많은 기술 기반 혁신 기업에 도전의 영감과 실천의 지침이자 마중물이 되기를 기대합니다. 대한민국이 세계 방산 시장에서 영향력 있는 기술 국가로 성장해 나가는 여정에 이 책이 큰 역할을 하길 바랍니다.

— **성상엽 인텔리안테크놀로지스 대표이사**

프롤로그

K-방산의 대한민국, 이제 우주로 도약할 차례다

오랜 시간 국방과학연구소 Agency for Defense Development에서 국방과학 연구개발을 수행하며 방위산업의 목적에 관해 늘 생각해 왔습니다. 방위산업 육성의 진정한 이유는 단순히 더 강력한 무기를 만들기 위해서가 아닙니다. '국방 과학기술 발전을 통한 국가 안보의 보장', 바로 여기에 방위산업의 존재 이유가 있습니다.

국방과학연구소 소장으로 재직하는 동안, 국가 안보 구축에 필수적인 기술을 개발했을 뿐만 아니라, 인공지능, 드론, 무인기 등 미래 전장을 대비한 기술 기반을 구축했습니다. 또한 2021년 한·미 미사일 지침 해제 이후에는 고위력 미사일 개발과 국방 우주기술을 통한 국방력 확대를 본격적으로 추진했습니다.

불과 반세기 전만 해도 대한민국은 총 한 자루조차 제대로 만들지 못했습니다. 하지만 이제는 전차, 자주포, 다연장로켓,[1] FA-50 전투기 등과 같은 첨단 무기 체계를 자체적으로 개발하고 생산합니다. 이들은 자주국방의 상징을 넘어 'K-방산'의 대표적인 성과물로서 세계 시장의 주목을 받고 있습니다.

그러나 오늘날의 안보 환경은 과거와 전혀 다릅니다. 산업과 국방의 경계는 점점 모호해지고, 전 세계는 방산의 패러다임을 다시 쓰고 있습니다. 6G 기반의 초연결 사회, 게임 체인저가 되고 있는 AI 혁명, 그리고 민간이 주도하는 우주산업 혁신이 새로운 패러다임의 중심에 있습니다. 이런 변화 속에서 더는 기존의 전략만으로 충분하지 않습니다. 우리에게는 지금 완전히 새로운 전략적 접근이 필요하다고 판단합니다.

이제 통합형 미래 전략이 필요합니다. 이는 방위산업과 우주산업, 민간과 군, 기술과 전략을 하나로 통합하는 미래형 국가 전략입

---

1) 다수의 자탄을 탑재하고 광범위한 지역을 포격하는 로켓포의 일종이다.

니다. 우주 안보와 경제 안보를 통합하는 새로운 형태의 부국강병 (富國强兵) 전략입니다. 이를 통해서만 'K-첨단 우주 방산'도 5대 우주 강국도 현실화 할 수 있습니다. 또한 대한민국을 기술 추격 국가에서 선도 국가로 도약시킬 수 있습니다.

다행히 대한민국은 이미 그 첫걸음을 내디뎠습니다. 2021년 한·미 미사일 지침 해제를 계기로 우리나라는 우주 공간에 접근할 수 있는 다양한 방법에 대한 자율성을 확보했습니다. 이후 고체연료를 기반으로 한 우주발사체 개발과 정찰 위성 발사를 통해 독자적인 우주기술 역량을 강화하고 있습니다. 이제 대한민국은 발사체, 위성, 정보 활용 기술을 하나의 고리로 연결할 수 있는 우주산업 전(全) 주기의 기반을 갖춰 가고 있습니다. AI를 비롯한 첨단 기술 및 정보통신 기술, 강한 제조업 역량, 민간의 창의성과 유연성은 이를 실현할 수 있는 강력한 자산입니다.

지금이야말로 정부와 민간이 함께해야 할 때입니다. 정부는 마중물 역할을 하고, 민간은 도전과 실증의 주체로 나서야 합니다. 민·군 기술 이전, 융합 실증 환경, 국제 진출 플랫폼 등 실질적 생태계 조성이 필요합니다. 이 모든 요소가 유기적으로 작동할 때, 대한민국은 우주 강국이라는 새로운 이름으로 세계 무대에 우뚝 설 수 있을 것입니다.

한때 꿈의 공간처럼 여겨졌던 우주는 이제 현실의 공간이 되어 갑니다. 이 순간에도 전 세계는 우주를 새로운 안보와 경제의 무대로 보고 치열하게 움직이고 있습니다.

이제 대한민국이 우주로 도약할 차례입니다.

2025년 6월
박종승

프롤로그

우주로 가는 길, 정부와 민간이 함께해야

어렸을 때부터 영화 〈스타워즈〉 시리즈나 《은하수를 여행하는 히치하이커를 위한 안내서》 등과 같은 스페이스 오페라$^{space\ opera}$2)를 좋아했지만, 우주를 업으로 삼게 될 줄은 상상하지 못했습니다. 엔지니어도 아니고 경영 전문가도 아닌 전직 외무공무원이 우주발사체 스타트업에서 일할 수 있는 이유는 세상이 변했기 때문이라 생각합니다.

로켓으로 지구 저궤도에 수많은 위성을 올려 우리 생활을 윤택하게 하는 일, 달과 그 너머의 심우주(深宇宙)로 나아가는 일, 과학 탐사를 넘어 인류의 정주(定住)와 우주 자원 채굴을 모색하는 일부터 더 나아가 우주에서 벌어질 수 있는 전쟁을 준비하는 일과 전쟁에 우주 인프라를 활용하는 일까지. 이 모든 것이 영화 속이 아닌 글로벌 환경에서 치열하게 진행되고 있습니다.

그리고 과거 열 개 남짓한 선진 국가의 전유물이던 우주 활동에 전 세계 수많은 기업이 참여하고 있습니다. 그 덕분에 글로벌 우주산업은 더 싸고, 더 빠르고, 더 혁신적인 솔루션을 찾아내기 위해 급속도로 발전하고 있습니다.

대한민국의 우주 생태계도 꿈틀거리고 있습니다. 그 기반은 국가가 만들었습니다. 한국형 과학 로켓^{KSR}에서 누리호$^{KSLV-II}$까지, 백곰 미사일에서 고체 발사체까지, 우리별 위성에서 425사업[3]과 달 궤도선 다누리까지 성공하는 데 정부의 큰 투자와 많은 연구원의 헌신이 있었습니다.

2024년 5월에 우주기술 확보, 우주산업 진흥, 우주 위험 대비 업무를 수행하는 우주항공청이 출범했습니다. 그리고 이런 토양 위에서 상업적 동기를 가진 우주기업이 다수 출현해 민간 자본으로 새로운 시도를 하고, 의미 있는 성과를 거두기 시작했습니다.

---

2) 우주를 배경으로 하고 정치나 역사, 전쟁 등을 소재로 한 SF 소설 및 각종 미디어 작품을 의미한다.
3) 본문 49쪽 각주 8) 참조.

앞으로 할 일이 더 많고, 더 잘할 수 있다고 생각합니다. 사용에 제약 없는 우리 기술로 다양한 우주 임무를 수행하고, 우주에서 쏟아지는 데이터로 가치 있는 정보를 창출해야 합니다. 글로벌 시장에서도 경쟁력을 갖추고 새로운 먹거리를 찾아야 합니다. 민간산업이 혁신과 잠재력을 발현할 기회를 주고, 정부는 과학기술과 산업, 국방과 외교 각 분야를 유기적으로 고려해서 전략을 수립하고 자원을 배분해야 합니다.

그중에서도 우리 마음대로 우주에 접근할 수 있는 싸고 똘똘한 발사체가 가장 중요하다고 생각합니다. 우주에 갈 수단이 없다면 모든 우주 임무와 혁신은 상상 속에만 존재할 수밖에 없기 때문입니다. 한화에어로스페이스뿐만 아니라 페리지에어로스페이스나 이노스페이스 등과 같은 기업이 대한민국 발사체 포트폴리오의 한 축을 담당할 날이 빠르게 오길 바랍니다.

2025년 봄, 국방과학연구소 소속으로 오랫동안 미사일과 발사체 분야에서 헌신하신 박종승 소장님과 변화하는 우주의 전략적 의미와 대한민국의 과제, 정부·군·민간의 역할, 우주 거버넌스에 관해 다양한 이야기를 나누었습니다. 우주가 국가 전략과 산업 경쟁력의 중심 과제로 자리 잡았음을 실감하는 시간이었습니다. 저희 이야기가 많은 분에게 대한민국 우주산업과 전략에 관한 화두와 통찰을 제공할 수 있기를 바랍니다.

2025년 6월
심수연

차례

추천사	04
프롤로그 K-방산의 대한민국, 이제 우주로 도약할 차례다 _박종승	14
우주로 가는 길, 정부와 민간이 함께해야 _심수연	18

1장 세상을 바꾸는 힘 6G와 우주

1. 초연결 사회를 밝혀 줄 6G 시대와 우주기술   29
- 우리는 왜 우주에 가야 하는가?
- 뉴 스페이스 시대의 세계적 흐름
- 하늘에서 빅데이터가 쏟아진다

2. 6G 시대의 새로운 안보 위협   58
- 우주 안보 시대의 도래
- 국가적 우주 안보 전략의 필요성

3. 지능형 위성과 6G 통신 인프라 혁신   71
- 우주 분야에서도 빼놓을 수 없는 인공지능

2장 미사일 개발 제한 시대에서 자율적 우주 개발 시대로

1. 미사일 지침 해제와 전략 자율성 획득의 의의 83
- 미사일 기술로 우주를 넘보다
- 거듭된 미사일 시험발사 성공과 기술 발전
- 미사일 지침을 해제시켜 주십시오!
- 탄두 중량과 사거리 제한 해제의 의의
- 미사일 지침의 완전 폐지

2. 북한보다 앞선 기술, 이제 정보의 눈이 필요하다 113
- 고체 발사체 시험발사 성공의 전략적 의미
- 우리만의 발사 전략과 플랫폼 포트폴리오 구성
- 북한은 지금 어디까지 왔나?

3장 민·군 통합 기술 혁신으로 우주로 가자

1. 가깝고도 먼 길, 민·군 기술 협력 145
- 미사일 기술로 우주를 넘보다
- 우주 강국에 걸맞는 민·관 협력 생태계 구축
- 우리 시장은 우리가 만든다
- 정부의 시간과 민간의 시간은 다르게 흐른다

2. 기술 이전의 진짜 조건 162
- 민간 혁신을 통한 가격 경쟁력 강화
- 연구와 창업, 기술 이전의 선순환 구조

4장 우주 아키텍처와 감시 체계를 구축하자

1. 우주 아키텍처, 통합이 중요하다   175
- 국방 우주 아키텍처를 어떻게 마련할 것인가
- 민간의 혁신을 국방에도 도입하라
- 국방 우주력 건설의 우선순위를 정하라

2. 우주 안보를 위한 국가 차원의 통합 전략   196
- 전략 자산이 된 우주기술
- 우주 경쟁 무대의 입장권

5장 우주산업을 위한 거버넌스의 확립

1. 기술에서 산업으로, 산업에서 국가 전략으로   209
- 성공에 대한 기대감, 실패에 대한 긴장감
- 대한민국 뉴 스페이스 시대의 현 주소
- 우주 스타트업의 생존 열쇠는 무엇일까
- 산업적 관점에서 우주를 바라보다
- 우주기술 국산화와 스페이스 헤리티지

2. 글로벌 우주 시장을 향한 담대한 발걸음 241
- 우주항공청이 가야 할 길
- 우주기술 통합 조정 체계를 구축하라
- 연구개발 중심에서 산업 중심으로
- 우주산업 생태계의 선순환 구조
- 지속 가능성을 위한 인재 양성

에필로그   추격형에서 선도형 우주 개발로 나서자   268

1장

세상을 바꾸는 힘
6G와 우주

우리는 지금 지구를 넘어 우주로 연결되는 새로운 패러다임의 입구에 서 있다. 6G 기술은 단순한 통신 인프라의 고도화를 넘어 인공지능^{AI}을 비롯한 다양한 기술의 집약체로 진화하고 있다. 특히 저궤도 위성을 활용한 통신망은 6G 시대의 핵심 인프라로 부상하며, 이는 곧 우주 안보와 직결된다. 전통적인 통신망은 위협에 취약하고 지리적 한계를 지녔지만, 우주 혁명 시대의 네트워크는 전 지구적 연결을 가능하게 한다.

또한 위성기술의 발전과 민간 우주기업의 부상은 단순한 산업의 변화가 아니라 전략의 재편이다. 우주 영역으로의 확장은 전면적인 안보 재정의를 요구한다. 우리가 처한 이 새로운 현실에는 국가적 대응 전략과 정책 혁신이 필요하며, 이는 단순한 과학기술의 발전을 넘어서는 '전략적 전환'이다.

초연결 사회를 밝혀 줄
6G 시대와 우주기술

우리는 왜 우주에 가야 하는가?

심수연 가장 먼저 근본적인 질문부터 시작해 볼까 합니다. 과연 우리는 왜 우주를 주목해야 할까요? 지금도 전 세계 수많은 나라가 우주 공간에 위성을 쏘아 올리고 있고, 그 수는 점점 늘어나고 있습니다. 이는 무엇을 의미하나요?

박종승 우주 발사 수요는 결국 위성 수요에서 출발합니다. 사회 전반이 고도화되고, 통신 기술은 5G를 넘어 6G로 진화하면서 모든 사물이 연결되는 '초연결 사회Hyper-connection Society'로 나아가고 있습니다. 이런 변화는 우주 공간의 활용을 전제로 한 움직임입니다. 그래서 우주의 활용도를 폭발적으로 늘리려는 시도가 계속되고 있습니다. 이와 동시에 발사 비용의 급감도 이 흐름을 가속하고 있습니다.

일반적으로 '위성'이라는 단어를 들으면 대부분 정지궤도$^{Geostationary\ Orbit,\ GEO}$ 위성을 떠올립니다. 위성TV 방송이나 기상 예보 등에 사용하는 이 위성은 지구 적도 상공 약 36,000km 궤도에서 지구 자전 속도와 동일하게 회전하기 때문에 지상에서는 항상 같은 위치에 떠 있는 것처럼 보입니다. 이런 특성 덕분에 통신과 방송 등 지속적 연결이 필요한 분야에 매우 적합하며, 사실상 '공중 기지국' 역할을 해 왔습니다.

그러나 최근 우주 공간의 주인공은 저궤도$^{Low\ Earth\ Orbit,\ LEO}$ 위성으로 바뀌고 있습니다. 저궤도 위성은 지구로부터 200~2,000km 고도의 궤도를 돌며 90~120분 주기로 지구를 한 바퀴 회전합니다. 이처럼 지구와 가까운 거리에서 빠르게 움직이기 때문에 데이터 전송 속도도 빠르고 지연시간^{latency}[1]이 거의 없습니다.

"왜 갑자기 저궤도 위성이 중요해졌는가?"라고 질문한다면, 앞서 말했듯이 "모든 것이 연결되는 초연결 시대가 왔기 때문"이라고 답하고 싶습니다. 6G 이동통신, 자율주행, 스마트시티, 재난 감시 등 미래 핵심 산업은 저궤도 위성을 기반으로 하는 초고속·저지연 통신 인프라가 필요합니다. 이런 수요를 반영하듯 스페이스X^{SpaceX}와 원웹

---

1) 네트워크상에서 데이터가 한 지점에서 다른 지점으로 이동하는 데 걸리는 시간을 측정한 값.

OneWeb은 이미 수천 기의 저궤도 위성을 발사해 전 세계적 네트워크를 구축 중입니다. 이 위성들은 단순한 통신 수단을 넘어 지상 기지국이 접근할 수 없는 오지, 해상, 항공기 등에도 빠르고 안정적인 인터넷 연결을 제공하며 일종의 '하늘 위 인터넷망' 역할을 하고 있습니다. 중국 정부도 저궤도 위성 프로그램인 궈왕(国网, Guowang, '국가 네트워크'를 뜻함) 프로젝트를 국가 주도로 추진 중입니다. 2020년 국제전기통신연합International Telecommunication Union, ITU에 제출한 계획에 따르면, 중국은 총 1만 3,000개의 위성 구축을 목표로 이 흐름에 동참하고 있습니다.

그런데 여기서 하나 더 주목해야 할 중요한 사실이 있습니다. 저궤도 위성이 민간 통신을 넘어 안보와 군사 분야에서도 핵심 자산으로 부상하고 있다는 점입니다. 저궤도 위성은 군사 작전에서 핵심적인 역할을 합니다. 특히 감시정찰, 전술 통신, 정밀 타격 등 다양한 군사 임무에 활용할 수 있어 국가 안보 측면에서 전략적 자산으로 간주합니다. 가장 대표적인 사례는 러시아-우크라이나 전쟁 초기입니다. 러시아의 공격으로 우크라이나의 지상 통신망이 모두 마비됐을 때, 일론 머스크Elon Musk가 설립한 스페이스X의 스타링크 위성망이 사실상 유일한 우크라이나군의 통신 수단이었습니다. 정찰, 통신, 전투 지휘까지 모두 위성을 기반으로 이루어졌고, 이는 전 세계가 우주를 '새로운 안보의 영역'으로 인식하는 결정적 계기가 됐습니다.

물론 저궤도 위성에도 단점이 있습니다. 지구와 가까운 고도를 따라 도는 만큼 대기 저항이 크고 수명이 짧다는 한계를 지닙니다. 그래서 수많은 위성을 지속해서 보충 발사해야 한다는 과제가 발생합니다. 하지만 바로 이 지점이 또 하나의 기술적·산업적 혁신이 필요한 부분입니다.

심수연 우주에 관한 인식 변화와 그 중심에 있는 저궤도 위성의 중요성에 관해 말씀해 주셨습니다. 여기서 한 계단 더 혁신이 필요하다고 하셨는데, 어떤 부분을 말씀하시는 건가요?

박종승 그 해답은 작고 효율적인 위성과 발사체입니다. 앞으로 소형 위성과 이를 적기(適期)에 발사할 수 있는 민간 우주발사체의 수요가 폭발적으로 증가할 것으로 예상됩니다. 그래서 우리나라도 위성 개발, 부품 국산화, 상용화, 민간 기술 이전 등 우주 생태계 전반에 걸친 전략적 인프라 구축이 시급한 과제가 됐습니다.

그렇다면 우리는 어떤 길을 선택해야 할까요? 바로 이 지점에서 민간의 역할이 핵심이 돼야 합니다. 저렴하고 신속한 발사와 소형 위성 개발, 통합 운용은 민간에서 훨씬 더 유연하고 혁신적인 방식으로 대응할 수 있는 분야기 때문입니다. 정부는 민간이 주도할 수 있도록 제도적·재정적 기반을 마련하고 뒷받침하는 조력자 역할을 해야 합니다.

우주가 다가올 미래 산업의 시장이라면, 저궤도 위성은 그 시장으로 들어가는 입장권입니다. 정지궤도 위성이 전통적인 통신 인프라의 상징이었다면, 저궤도 위성은 다가오는 초연결 시대의 혁신이자 산업과 안보를 동시에 견인할 새로운 축이라고 할 수 있습니다. 이제 우리는 단순한 위성 사용자가 아니라 하늘 위에서 전략적 입지를 확보할 주체로 거듭나야 할 시점에 와 있습니다. 그 시작은 어쩌면 작은 소형 위성 한 기일지도 모르지만, 의미와 파급력은 절대 작지 않습니다.

심수연 제가 몸담은 회사를 비롯해 많은 글로벌 소형 발사체 기업이 저궤도 소형 군집위성에 맞춤형 발사 서비스를 제공하는 일을 사업 모델로 삼고 있습니다. 군집위성이 임무를 끊임없이 수행할 수 있도록 원하는 궤도와 시간에 맞춰 발사해 주는 기술을 바탕으로 합니다. 현재 이 분야에서 가장 두드러지는 기업은 뉴질랜드인 피터 벡Peter Beck이 세운 로켓 랩Rocket Lab입니다. 주로 소형 위성을 위한 맞춤형 발사 서비스를 제공합니다. 미국의 스페이스X가 운용하는 팰컨-9Falcon-9과 같은 대형 발사체가 버스라면, 로켓 랩의 일렉트론Electron 같은 소형 발사체는 택시로 비유할 수 있겠습니다.

다시 6G와 우주 이야기로 돌아와서, 현재 실생활에서 5G는 주로 지상국 형태를 이용합니다. 이 5G와 비교했을 때, 저궤도 군집위성 기반인 6G에는 어떤 차이가 있을까요? 그리고 6G가 저궤도 통신을 전제로 하는 이유는 무엇일까요?

박종승 5G는 데이터 고속 전송과 사물인터넷Internet of Things, IoT 확산의 기반을 마련해 줬지만, 여기서 더 나아가 6G는 진정한 '실시간' 초연결 사회를 실현할 수 있는 핵심 기술이 될 겁니다. 6G는 의료 응급 대응, 자율주행, 스마트시티 등 다양한 분야에서 실시간 통신의 한계를 뛰어넘을 것으로 보입니다. 그리고 사람과 사물, 공간을 완벽히 연결하는 형태로 패러다임 전환을 일으킬 겁니다. 사실상 '지연 없는 세상'으로 가는 문을 열 기술이라 할 수 있습니다.[2] 특히 위성 기반 통신망은 6G 통신의 핵심 인프라 중 하나입니다.

6G는 '속도'보다 초지능, 초정밀, 초안정성과 공간 확장성이 중심입니다. 지상 통신만으로는 한계가 있어 위성(특히 저궤도 위성) 기반 연결을 전제로 합니다. 저궤도 위성의 특징은 위성의 고도가 약 500~2,000km로 지상과 가까워서 통신 속도가 빠르고 지연시간이 짧다는 점입니다. 이를 통해 기존 지상 기지국이 커버하지 못하는 오지나 해양, 항공, 심지어 우주 공간에서도 통신이 가능해집니다. 바다와 산간, 극지 등을 포함한 전 세계 커버리지를 실현할 수 있어 지상 인프라가 취약한 통신 사각지대 문제를 해소할 수 있습니다. 저궤도 통신을 이용한 지상국과 위성의 혼합 네트워크, 즉 '우주-지구 통합 네트워크'가 6G의 핵심 개념 중 하나입니다.

그러나 우려해야 할 점도 한 가지 있습니다. 6G를 군사적·전략적으로 활용할 때는 통신 보안이 매우 중요한 과제가 됩니다. 초고속·광역 통신망을 구축하면 중간에서 통신을 감청하거나 교란하는 사이버 공격이 발생할 수 있기 때문입니다. 군사·안보 관점에서 6G

구분	5G	6G (예상)
주요 특징	고속·저지연·대용량	실시간 초연결, 지능형 네트워크
최대 속도	약 20Gbps	100~1,000Gbps (1Tbps 목표)
지연시간	1ms 내외	0.1ms 이하
커버리지	지상 기지국 중심	지상 + 공중(드론) + 저궤도 위성
사용 기술	Massive MIMO[3], mmWave[4]	테라헤르츠(THz), AI 기반 네트워크, 양자암호 등
응용 분야	자율주행, 스마트공장, IoT	우주 인터넷, 디지털 트윈[5], 초정밀 원격 수술, 군사 통신 등

〈표 1-1〉 5G vs 6G 기술의 핵심 차이점 (출처: 한국전자통신연구원Electronics & Telecommunications Research Institute, ETRI)

시대의 보안 위협은 이전보다 훨씬 다양하고 정교해질 것으로 예상됩니다. 6G 시대가 본격화되면서 사이버 안보는 통신 인프라의 핵심 요소로 부각하고 있습니다. 특히 저궤도 위성 기반의 통신 환경에서는 기존 방식으로 도청, 해킹, 신호 교란 등의 위협을 효과적으로 방어하기 어렵기 때문에 차세대 보안 기술의 적용이 필수입니다. 저궤도 위성의 통신은 위성이 지속해서 이동하며 다수의 지상국 및 사용자와 빈번하게 연결을 전환하는 형태이므로 기존 보안 체계로 고도의 변동성을 감당하는 데는 한계가 있습니다. 또한 위성통신의

---

2) 6G 도입을 통해 변화할 서비스에 관해서는 본문 36~37쪽 참조.
3) 기지국이나 단말기 등 통신 시스템에서 여러 개의 송수신 안테나를 사용해 데이터 전송량과 속도, 품질을 향상하는 기술(Massive Multiple-Input Multiple-Output).
4) 주파수의 파장이 mm 단위인 초고주파로, 밀리미터파라고도 한다.
5) Digital Twin, 현실의 물리적 객체(사물)나 시스템에서 실시간으로 데이터를 수집해 이를 가상의 모델로 동일하게 구현하는 기술.

Use Cases for 6G Satellite : 서비스 - 1

🔍 도심 항공 모빌리티(UAM) 모바일브로드밴드 서비스

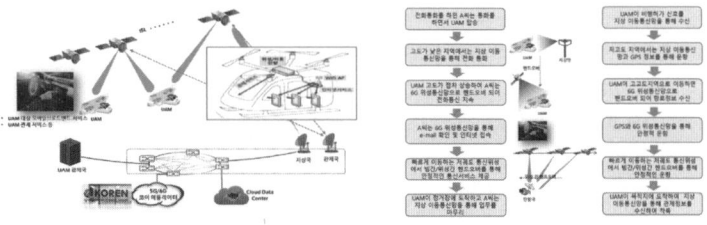

- 6G 통신위성을 활용해 UAM을 관제하고 탑승자 대상으로 실시간 고품질 인터넷 서비스 제공
  - (UAM 관제) UAM 교통 관리, 운항 통제, 비행 감시, 자율 비행 지원
  - (UAM 통신) UAM 탑승자 대상 인터넷 서비스
  - (서비스 시나리오) UAM 탑승자 대상 초고속 위성 통신 서비스를 위한 사용자 요구사항 분석, 지상

Use Cases for 6G Satellite : 서비스 - 2

🔍 기내 인터넷 서비스 (In-Flight Entertainment Service)

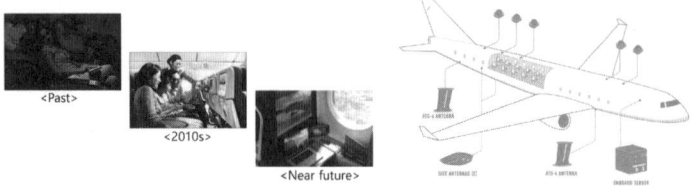

- 6G 통신위성을 활용, 항공기 이용객에게 고품질 인터넷 서비스 제공
  - (현 위성통신 서비스 한계) 현재 GEO 위성 기반 항공기 당 68Mbps 서비스 (출처: ViaSat)
  - (브로드밴드 서비스) 기존 비디오 시청에서 장시간 항공기 탑승자들에게 다양한 기내 서비스 제공

Use Cases for 6G Satellite : 서비스 - 3

🔍 자율 운항 선박 관제 및 모바일브로드밴드 서비스

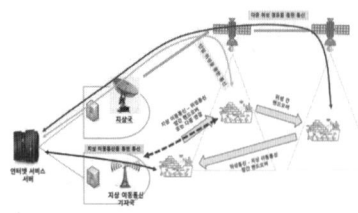

- 6G 통신위성을 통한 실시간 자율운항 선박 관제 및 탑승자 대상의 고품질 인터넷 서비스 제공
  - (자율운항 선박 관제) 선박 주변 감시, 선박 운항 통제 및 충돌회피, 원격 실시간 상태 감시 등
  - (자율운항 선박 통신) 선박 탑승자 대상의 선박 내 상황 감시 및 인터넷 서비스 등
  - (서비스 시나리오) 초고속 위성 통신 서비스를 위한 사용자 요구사항 분석 및 지상 이동통신망 사업자와 공동연구 수행

Use Cases for 6G Satellite : 서비스 - 4

🔍 도서/산간 지역 인터넷 서비스 (Digital Divide극복)

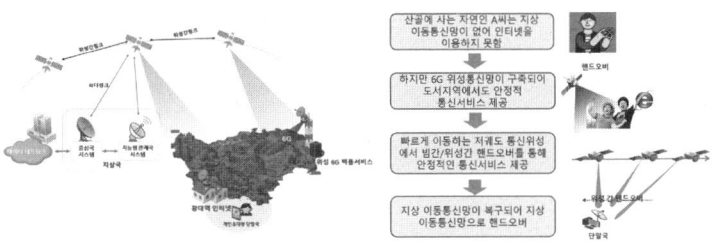

- 통신인프라가 취약한 지역에서 6G 통신위성을 이용한 인터넷 서비스 제공
  - (산간 및 도서 지역 인터넷) 지상인프라가 구축 및 운용 비용이 많이 소요되어 경제성이 낮은 지역에 저궤도 통신위성을 이용하여 Digital Divide 해소 가능
  - (위성 백홀) 유선망 설치가 어려운 지역/ 재난재해로 인한 지상망 붕괴 시, 저궤도 위성망을 통한 이동통신 서비스 제공

Use Cases for 6G Satellite : 서비스 - 5

🔍 해양 기상정보 수집 서비스

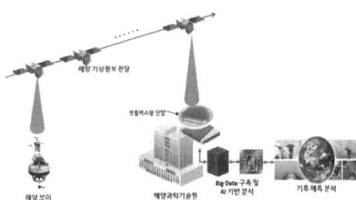

- 해양 재해 대비를 위한 해양기후변화 분석 및 예측에 활용하는 해양기상 정보수집 시스템 대상 실증서비스
  - (주요 정보) 기압, 해류, 해수면 높이, 파랑, 파고, 파주기, 파향 등
  - (광역 데이터 수집) 한반도 영해의 부이에서 측정된 데이터를 저궤도 위성을 통한 광역 수집 서비스 제공
  - (재해 예측) 서해, 남해, 동해에서 수집된 해양기상 데이터를 이용해 해양 재해를 예측하여 피해를 줄이는데 기여

Use Cases for 6G Satellite : 서비스 - 6

🔍 재난 재해/긴급 상황 극복 통신망 구축 서비스

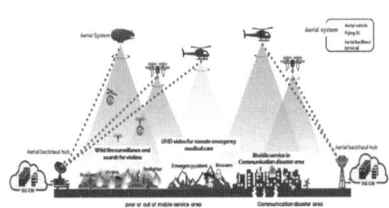
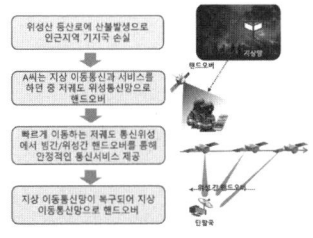

- 천재 지변, 인재에 따른 재난 재해 상황에서 긴급 서비스 제공 기능
  - (육상 PS-LTE 국간 연결) 재난으로 인한 재난안전통신망 회선연결 장애시 긴급 회선연결 서비스 제공
  - (PS-LTE 백홀 우회 서비스) 재난재해로 인해 재난지역 트래픽 폭주시 재난안전통신망(PS-LTE) 우회통신망 제공 (위성 백홀)
  - (재난정보 공유 서비스) 재난재해 지역 영상 및 정보를 재난인근 지역에 전달해주는 서비스로 활용
  - (대국민 대상 긴급통신 서비스) 재난재해 지역 대국민 대상 긴급통신 서비스

〈그림 1-1〉 6G가 만들어 낼 초연결 시대의 모습. (출처: 한국전자통신연구원)

구분	보안 위협	주요 우려 사항
데이터 도청	위성 간 또는 위성-지상 간 통신 도청	군사 정보·작전 정보 유출 가능성
재밍 Jamming	통신 신호를 고의로 방해	군사 작전, 드론·무인기 교란 가능성
스푸핑 Spoofing	신호 위조·위치 정보 변조	GPS 교란, 유도무기 오작동 유발 가능성
사이버 해킹	위성 자체, 지상국, 통신 노드 해킹	통제권 탈취, 정보 왜곡 등

〈표 1-2〉 6G 시대의 보안 위협과 주요 우려 사항 (출처: 한국전자통신연구원)

특성상 신호가 광범위하게 노출되므로 도청과 재전송 공격, 위성 신호 모방, 간섭 등의 위협이 쉽게 접근할 수도 있습니다. 따라서 양자암호통신, 위성 간 보안 프로토콜 등 차세대 보안 기술 연구를 반드시 병행해야 합니다.

양자암호통신 Quantum Cryptography은 도청이 원천적으로 불가능한 수준의 암호화 기술이어서 6G 시대의 핵심 보안 수단으로 주목받고 있습니다. 이와 동시에 인공지능을 기반으로 한 위협 탐지 및 실시간 차단 시스템도 강화하고 있습니다. 이는 위성 간 자율적 보안 체계를 구축하고, 침입 시도를 자동으로 식별해서 대응하도록 지원합니다. 또한 위성 간 광통신 Laser Communication 기술은 전파 기반 통신보다 도청과 전파 간섭에 강하고 보안성이 뛰어나 민간과 군사 부문 모두 도입을 확대할 것으로 보입니다. 요약하자면, 양자암호, 광통신, 인공지능 기반 사이버 보안은 저궤도 위성통신 시대를 대비하는 데 선택이 아닌 필수 전략 기술입니다.

6G 통신 위성은 기존의 단순 중계기 역할을 넘어 대용량 데이터를 실시간으로 처리하고 분석할 수 있는 '지능형 위성'으로 진화해야 합니다. 위성에서 지구와 데이터를 송수신할 때는 일정한 지연시간이 발생합니다. 그런데 위성 자체에 인공지능 칩을 탑재해 데이터를 현장에서 분석하면, 필요한 정보만 지상으로 전송함으로써 통신 부담을 획기적으로 줄일 수 있습니다. 예를 들어 지구 관측 위성이 인공지능을 통해 산불, 홍수, 군사 활동 등의 상황을 실시간으로 감지하고 분석해 핵심 정보만 전달한다면, 전체 데이터 전송량은 크게 줄어들 것으로 보입니다. 이는 빠른 대응과 효율적인 통신 인프라 구축에 중요한 역할을 할 수 있습니다.

이런 시스템을 구현하려면 우주 환경에 적합한 인공지능 칩 개발이 필수입니다. 일반적인 인공지능 칩은 우주의 강한 방사선에 취약해 오작동을 일으킬 수 있기 때문에 방사선에 내성이 있는 방사선 경화 반도체$^{\text{Radiation-hardened Semiconductor}}$가 필요합니다. 또한 위성은 전력 공급이 제한적이므로 초저전력 설계를 해야 하고, 탑재 공간이 한정적이라 소형화한 고성능 칩도 필요합니다.

결론적으로 6G는 기술 혁신이자 안보 전략의 새로운 축입니다. 우리는 이제 단순히 빠른 통신을 넘어 '신뢰할 수 있는 연결$^{\text{trusted connectivity}}$'이라는 가치를 어떻게 확보할지에 관해 고민하고 준비해야 할 시점에 와 있습니다.

뉴 스페이스 시대의 세계적 흐름

심수연 전 세계의 모든 우주 발사를 추적하는 사이트[6]가 있는데, 언젠가 들어가서 보니 정말 매일 발사를 진행하는 수준이었습니다. 2025년에도 3월 13일과 14일에 각각 한 건이 있었고, 3월 15일에는 하루에 4건의 우주 발사가 있었습니다. 이는 우주에 관한 패러다임 자체가 변했기에 가능한 일이라고 생각합니다. 민간이 우주 시대의 혁신을 주도하는 '뉴 스페이스 시대'가 도래했고, 전 세계에서 몇 개 국가밖에 하지 못했던 발사를 스페이스X를 위시한 여러 기업에서 합니다. 플래닛 랩스Planet Labs[7] 같은 회사가 등장해서 버스만 한 크기의 위성을 신발 상자 정도 크기로 아주 작게 만들며 혁신을 이끌었습니다. 발사체는 저렴해지고, 위성은 작아지고, 궤도는 정지궤도에서 점점 저궤도로 내려오고 있습니다. 또한 이런 변화를 상업 기업들이 수행한다는 경향도 확인할 수 있습니다. 이런 전반적인 흐름에 관해 소장님의 생각을 말씀해 주시면 좋겠습니다.

박종승 민간이 주도하면 이익을 기준으로 비용을 절감하는 혁신적

---

6) https://spacelaunchnow.me/ 참조.
7) 현재 Planet으로 사명 변경.

인 접근이 가능합니다. 이제는 우주 시스템에도 상용 부품Commercial Off-The-Shelf, COTS을 사용하는데, 과거에는 상상하기 어렵던 일입니다. 위성 중량이 적고 제작 비용이 제한적인 상황에서는 고가의 특수 부품보다 상용 부품의 활용이 더 적절할 수밖에 없습니다. 특히 위성에 탑재하는 반도체 부품에 상용 부품을 활용해서 헤리티지heritage를 축적할 수 있다면 중소기업에도 우주산업 참여 기회를 제공할 수 있습니다.

미국은 우주산업의 많은 부분을 민간에 이전한 상태입니다. 우주 탐사와 공공 목적의 우주 정거장 운영 등과 같은 임무는 여전히 NASA가 수행하지만, 저궤도 발사나 상업적 활동은 스페이스X 같은 민간기업이 주도하고 있습니다. 일부에서는 NASA의 예산을 줄이고 구조조정을 통해 효율화를 추진하고 있으며, 그만큼 민간 중심으로 재편되고 있습니다.

한편, 러시아는 여전히 국가 주도의 우주 개발 체계를 유지하는 중입니다. 과거 미소 냉전 시기, 미국보다 한발 앞서가던 러시아는 소련 해체 이후 우주기술의 핵심을 담당했던 우크라이나와의 분리, 2014년 크림반도 점령 이후 국제적 고립으로 정체에 빠졌습니다. 2022년 우크라이나 침공은 결정타였습니다. 러시아는 실질적으로 세계 우주 시장에서 퇴출됐으며, 설령 전쟁이 종식되더라도 과거의 위상을 회복하기는 어려울 것으로 보입니다.

반면, 중국은 다소 다른 궤적을 그리고 있습니다. 중국의 우주

	CALT	SAST	Land Space	Space Pioneer	Orien Space	iSpace	Space Epoch	CAS Space	Galactic Energy	Deep Blue Aerospace
설립 연도	1957	1961	2015	2019	2020	2016.10.	2019	2018.4.	2018	2016
기업 형태	정부 기업	정부 기업	민간기업	민간기업	민간기업	민간기업	민간기업	민간기업	민간기업	민간기업
첫 발사	1970. 4.24	1992. 8.	2018. 10.27	2023. 4.02	2024. 1.11	2019. 7.	-	2022. 7.	2020. 11.7	2021. 7.
사업 분야	미사일 무기/ 발사체	항공우주 방어무기 체계	재사용 발사체 (액체산 소-메탄)	재사용 발사체	민간 주도 상업 발사	고체연료 발사체	재사용 발사체/ 민간 우주 물류 시장	고체연료 발사체	소형 위성 /중형 액체 추진 발사체	재사용 발사체 (3D 프린팅 기술)

〈표 1-3〉 중국 내 주요 우주기업 현황

발사일	발사 위성	발사 장소
2024.12.3	창정 3B(Long March-3B)	시창(Xichang)
2024.12.4	콰이주 1A-Pro(Kuaizhou-1A-Pro)	시창
2024.12.5	창정 6A(Long March-6A)	타이위안(Taiyuan)
2024.12.12	창정 2D(Long March-2D)	주취안(Jiuquan)
2024.12.16	창정 5B(Long March-5B)	원창(Wenchang)
	창정 2D(Long March-2D)	타이위안
2024.12.19	세레스 1S(Ceres-1S)	서해(Yellow Sea)
2024.12.20	창정 3B(Long March-3B)	시창
2024.12.27	리지안 1(Lijian-1)	주취안
2025.1.06	창정 3B(Long March-3B)	시창
2025.1.13	지에롱 3(Jielong-3)	서해
2025.1.17	창정 2D(Long March-2D)	타이위안
2025.1.20	세레스 1(Ceres-1)	주취안

* 중국은 2024년부터 대륙(주취안 21회, 시창 20회, 타이위안 15회)과 섬(원창 9회), 해양(서해 7회)에서 총 72회(2024년 68회, 2025년 4회) 위성 발사를 진행함.

〈표 1-4〉 최근 중국의 위성 발사 현황 (2025.1.21. 기준)

〈그림 1-2〉 중국의 주요 우주 발사장

개발은 군사용 미사일 기술에서 출발해 점차 우주 분야로 확장했습니다. 특히 최근 5년간 미국과의 본격적인 우주 경쟁 구도에서 우위를 점하려고 민간과 국가가 동시에 속도를 높이고 있습니다.

중국은 앞서 말했듯이 '중국판 스타링크'로 불리는 '궈왕 프로젝트'를 추진 중입니다. 2024년 12월 17일 중국 하이난성 원창(文昌) 우주 발사장에서 '창정(長征) 5B' 운반 로켓과 '위안정(遠征) 2' 상단 로켓을 이용해 궤도에 위성을 발사했던 사례도 이 프로젝트의 일환이었습니다. 또한 중국은 독자적인 유인 우주 정거장 '톈궁(天宮)' 구축 계획도 추진 중이며, 연간 수십 회 이상 위성을 발사하고 대륙과 섬, 해양에 다수의 발사장을 운영하는 등 국가적 차원으로 우주 전략을 본격화하고 있습니다.

위성 발사 수요가 급증하면서 중국도 민간 발사체 기업들이 중심이 되어 발사 서비스를 주도하는 방향으로 나아가고 있습니다. 우주 탐사와 같은 국가 전략적 영역은 여전히 정부 주도로 추진하지만, 그 외의 우주산업 분야 대부분은 미국처럼 민간 중심의 생태계로 전환하는 추세입니다.

일본은 미국이나 중국보다 민간의 우주 분야 참여가 상대적으로 낮은 편이지만, 최근 변화의 조짐이 뚜렷하게 나타나고 있습니다. 기존에는 일본 우주항공연구개발기구Japan Aerospace Exploration Agency, JAXA 중심의 국가 주도 체계가 대부분이었으나, 스페이스X가 이룬 성공 사례에 자극받아 민간 스타트업의 참여가 점차 확대되고 있습니다. 대표적인 사례로 2013년 홋카이도에 설립된 인터스텔라 테크놀로지스Interstellar Technologies Inc.는 도요타의 자회사인 '우븐 바이 토요타Woven by Toyota'와 협력해 위성 발사체를 개발해 온 민간 우주 스타트업입니다. 이 회사는 2019년부터 소형 액체 추진 발사체 '모모MOMO'를 7차례 발사했으나, 아직 위성을 궤도에 성공적으로 올리지는 못했습니다. 하지만 현재는 재사용 발사체 개발에 도전하며 기술 고도화에 나서고 있습니다.

또 다른 사례인 스페이스원SpaceOne은 JAXA에서 엡실론Epsilon 고체 추진 발사체 기술을 이전받아 제작한 저궤도용 로켓 '카이로스KAIROS'의 비행을 2차례 시도했으나, 발사에 실패한 바 있습니다. 그래도 일본 정부는 2030년대 초까지 연간 30회 로켓 발사를 목표

일본의 우주기업 스페이스원의 카이로스 발사체 시험 장면 (출처: 연합뉴스)

로 설정했습니다. 민간 우주기업의 발사체 경쟁력 강화를 위한 정책적 지원과 시장 수요 견인을 지속해서 추진하고 있습니다. 이는 일본 역시 우주산업의 민간 주도 시대를 준비하고 있음을 보여 주는 흐름입니다.

대한민국은 아직 우주발사체 산업에서 초기 단계에 머물러 있지만, 변화의 조짐은 분명히 나타나고 있습니다. 누리호 액체 추진 발사체 기술은 민간기업으로 이전을 진행하고 있으며, 2021년 한·미 미사일 지침 해제 이후 국방과학연구소가 개발한 고체 발사체 기술 역시 조만간 민간 이전이 가능할 정도로 성숙한 상황입니다.

일본의 엡실론 로켓 사례처럼 국가 주도로 기술을 개발하고 반

이노스페이스의 한빛-나노 발사대-발사체 연동시험 (출처: 이노스페이스 홈페이지)

해상 발사 플랫폼에 장착한 페리지에어로스페이스의 블루웨일 0.4 발사체 (출처: 페리지에어로스페이스 홈페이지)

복 발사를 통해 신뢰성을 확보한 후, 이를 민간으로 이전하는 구조는 우리가 참고할 만한 대표적인 모델입니다. 우리 역시 민간기업이 체계 통합과 사업화를 주도하고, 정부 산하 연구기관은 신기술 개발과 기술 이전을 통해 선순환 구조를 구축해야 합니다. 이렇게 하려면 정부에는 민간기업이 기술력과 자본을 충분히 축적할 때까지 일정 기간 적극적으로 육성하고 지원하는 '인큐베이팅 정책'이 필수입니다. 현재 국내에는 페리지에어로스페이스, 이노스페이스, 우나스텔라 등 유망한 스타트업들이 있습니다. 이들이 충분한 기술 축적의 시간을 견디며 '우주 빅테크'로 성장할 수 있도록 체계적인 지원이 필요합니다. 지금 대한민국은 우주 강국으로 도약할 수 있을지를 가늠하는 중대한 분기점, 이른바 '새들 포인트 saddle point'에 놓여 있습니다. 이 기회를 놓치지 말고 전략적으로 도약해야 합니다.

심수연 정리하자면, 주요 우주 강국들도 처음에는 인프라나 큰 틀을 국가가 구축하고 설계합니다. 하지만 그것이 어느 정도 성숙했을 때는 민간에 역할을 넘기고, 국가는 다시 그다음 지평선을 바라보며 인프라와 틀을 구축하고 설계하려는 경향이 보입니다. 이를테면 미국은 저궤도 위성이나 달에 착륙선을 보내고 물자를 실어 나르는 일은 민간의 역할이라는 생각이 뚜렷합니다. 국제 우주 정거장 International Space Station, ISS도 30년 퇴역 이후에는 민간에 넘기려고 합니다. 그 대신, 'Moon to Mars' 프로젝트처럼 달에 인간을 정주시키고 화성으로 나아가려는 계획과 같은 그다음 단계의 거대한 목표는 여전히 국가가 주도해서 집중합니다. 일본도 엡실론이 성공하고 나서 민간에 기술 이전을 해 주고, 그다음 해야 할 부분은 JAXA에서 집중하고 있습니다.

그렇다고 해서 국가가 우주산업을 완전한 자유경쟁시장의 영역으로 밀어낸다는 뜻은 아닙니다. 민간에 임무를 이전하고 더는 관여하지 않는 것이 아니라 관련 제품 및 서비스의 구매 조달 사업을 통해 민간 부문으로 막대한 자금을 계속 투입합니다. 여기에는 두 가지 이유가 있어 보입니다. 첫 번째로는 안보 전략 측면을 고려해 이런 민간기업을 많이 육성해야겠다는 필요성을 느껴서고, 두 번째로는 막대한 사업비가 들어가는 산업이다 보니 민간이 적극적으로 참여하는 형태가 국가에서 직접 수행하는 형태보다 비용 측면에서 효율적이라고 보기 때문인 듯합니다.

하늘에서 빅데이터가 쏟아진다

심수연 저궤도에서는 지구 관측이 유리합니다. 지상과 가까우니까 관측 렌즈의 구경(口徑)도 작아질 수 있고, 똑같은 구경이면 더 자세하게 볼 수 있습니다. 외교부에 있을 때 유엔 대북 제재 이행 업무를 담당했던 적이 있는데, 이 영역에서도 정보 활용이 굉장히 쉬워졌습니다. 예전에는 국가 간 제재 위반 정보를 공유할 때, 자료 받기가 굉장히 어려웠습니다. 왜냐하면 자신들의 정보 자산이 노출되는 상황을 매우 꺼렸기 때문이었습니다. 요즘에는 상업용 위성 사진을 워낙 많이 찍어서 그런지 출처가 공개된 오픈 소스 사진을 어렵지 않게 구해서 정보를 줍니다. 저도 이렇게 변화를 직접 경험할 수 있었습니다. 박 소장님께서 이 지구 관측과 관련한 변화 이야기를 조금 더 해 주시면 좋겠습니다.

박종승 지금까지 우리는 위성 개발과 운용을 정부와 군 중심으로 국가가 주도한다고 인식해 왔습니다. 하지만 최근에는 위성을 어떻게 활용할지에 관해 다각도로 고민하기 시작했고, 결과적으로 위성 기반 데이터 서비스가 더 큰 가치를 창출하는 시대가 도래하고 있습니다.

감시정찰 분야는 여전히 군이 주도하고 있지만, 관련 기술과 민간 역량이 발전하면서 그 구분이 점점 흐려지고 있습니다. 대한민국도 그런 대표적인 사례입니다. '425사업'[8]을 통해 SAR$^{\text{Synthetic Aperture Radar, 합성개구레이더}}$ [9] 위성 4기와 EO/IR[10] 위성 1기를 확보해 우리 군 최초로 정찰 위성 체계를 갖췄습니다. 이는 자주적 감시정찰 역량 확보라는 측면에서 큰 진전이며, 향후에는 위성에서 획득하는 영상의 분

---

8) 총 5기의 위성(SAR 위성 4기, EO/IR 위성 1기)을 발사해 한반도 및 주변 지역을 정밀 감시하고자 하는 대한민국 국방부의 프로젝트.
9) 상공에서 지상 및 해양에 순차적으로 전파 빔을 쏘고, 이 빔이 지면 또는 수면에 반사되어 돌아오는 미세한 시간차를 이용해 지형도를 만들거나 지표를 관측하는 레이더 시스템.
10) Electro-Optical/Infra-Red로 전자광학/적외선 센서를 의미한다.

석 능력이 더 큰 전략적 가치로 이어질 겁니다.

이에 발맞춰 민간의 역할이 빠르게 확대하고 있습니다. 실제 사례도 많습니다. 국내 위성 기업 쎄트렉아이는 자력으로 고해상도 위성을 발사하며 민간 상업 감시 위성 시장에 본격적으로 진출했습니다. 우리나라가 북한 관련 정보를 확보할 때는 군 정보도 중요하지만, 미국의 민간 위성 기업 맥사^{Maxar}나 플래닛 등이 찍은 위성 영상을 구매하는 일도 빈번합니다. 특히 플래닛은 북한이 유엔 대북 제재를 회피하려고 서해상에서 유류를 불법 환적(換積)하는 장면을 위성으로 포착해 우리 측에 제공하기도 했습니다.

이제는 위성 하드웨어를 수출하는 시대를 넘어 '위성 활용 서비스'를 수출하는 시대로 전환되고 있습니다. 다시 말해 위성 판매보다 위성을 통해 무엇을 볼 수 있는지, 그리고 그 정보를 누가 어떻게 분석하고 가공하는지가 핵심 경쟁력이 된다는 이야기입니다. 실제로 국내 기업 루미르는 cm 단위 해상도의 데이터를 수집할 수 있는 전천후 SAR 위성을 다수 발사해 상업적으로 활용하겠다는 전략을 세우고 있습니다. 이처럼 민간 위성 활용 서비스가 감시정찰·환경·재난·산업 데이터 분석 등 다양한 영역에서 수요를 이끌어 내고 있으며, 이런 서비스 영역이 발사체와 위성 개발 수요를 견인하는 구조로 가고 있습니다.

군의 정찰 위성도 민간 서비스로 대체할 수 있는 시대입니다. 이런 흐름에서 '감시정찰은 반드시 군의 고유 영역이어야 할까?'라는

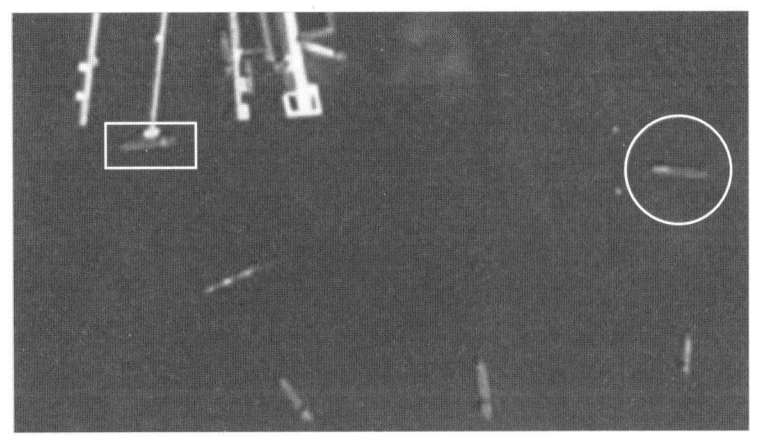

2023년 3월 26일 자 북한 남포 유류 항구 위성 사진. 유조선 1척(사각형 안)이 부두에 밀착해 있고, 다른 1척(원 안)은 해상 하역시설에 자리해 있다. (출처: 플래닛 & VOA Korea)

의문이 듭니다. 만약 민간 위성이 군의 정찰 위성 수준에 준하는 해상도와 분석 역량을 보유하고, 전문 인력을 통해 더 정밀한 분석 결과를 신속하게 제공할 수 있다면, 군은 정찰 위성을 직접 운용하지 않고 민간 서비스를 활용하는 방식으로 전환할 수도 있습니다. 이는 단순한 운영 효율성 제고에 그치지 않습니다. 국방 예산 및 인력 절감, 민간산업 성장, 데이터 공유 확대 등 다방면에서 긍정적 효과를 기대할 수 있습니다. 민간의 전문성이 높아지면, 군은 '직접 운용자'에서 '사용자'로 전환할 수 있고, 위성 서비스 제공 기업은 군과 정부, 지자체, 민간을 아우르는 우주 서비스 플랫폼 기업으로 성장할 수 있습니다.

결론적으로 향후 대한민국의 우주산업은 '위성 제작 → 위성 활용 서비스 → 영상 분석 플랫폼'으로 밸류 체인$^{value\ chain}$이 이동할 것이며, 이 과정에서 민간 주도형 산업 생태계가 본격적으로 작동할 수 있도록 정부의 정책적 뒷받침과 민·군 협력 체계의 재정립이 필요합니다.

심수연 말씀해 주신 대로 우주산업에서도 하드웨어 시장보다 데이터 시장이 훨씬 규모가 큽니다. 우주산업도 이제 디지털 산업, 데이터 산업, 소프트웨어 산업입니다. 쎄트랙아이의 자회사인 에스아이에이라든지 루미르, 텔레픽스 등과 같은 우리 기업들도 이런 사업을 굉장히 많이 하고자 합니다. '이런 게 우리가 잘할 수 있는 분야이지 않나?' 하는 생각도 듭니다.

박종승 우주산업의 본질은 기술이 아니라 '정보 활용'입니다. 우리가 흔히 위성이라고 하면 '우주에 떠 있는 통신 기지국'을 먼저 떠올립니다. 실제로 통신 위성은 지상 기지국과 동일한 역할을 하며, 우주의 안테나 역할을 합니다. 지구 관측 위성도 마찬가지입니다. 하늘에 떠 있는 '눈' 또는 '센서'라고 하지만, 본질적으로는 정보를 수집하는 수단입니다.

　과거 우주산업은 주로 발사체 개발, 위성 제작, 지상국 관제 확보 등 물리적 인프라에 집중했습니다. 우주라는 영역을 다루는 일 자체가 첨단 기술의 결정체였기 때문에 '뭔가를 쏘아 올리는' 데 의미를 두던 시대였습니다. 하지만 지금은 시대가 달라졌습니다. '어떤 데이터를 얻고, 그것을 어떻게 활용하느냐'가 훨씬 더 중요해졌습니다.

현재의 우주산업은 장비에서 정보 활용으로 무게 중심이 빠르게 이동하고 있습니다. 위성을 통해 얻는 사진과 영상, 전자파, 기후 데이터, 감시 정보 등은 이제 하늘에서 쏟아지는 새로운 '빅데이터'나 다름없습니다. 우리는 그 데이터를 해석하고 조합해서 예측할 수 있는 자료로 바꾸는 역량이 필요합니다.

이제 우리는 '무엇을 발사하느냐?'보다 '어떤 정보를 얻고, 어떻게 활용하느냐?'가 핵심 경쟁력이 되는 시대를 마주하고 있습니다. 위성은 더 작아지고, 발사체는 더 자주, 더 적은 비용으로 발사됩니다. 진짜 가치는 정보 분석과 융합, 예측 모델링, 그리고 이를 통한 의사결정 지원에서 창출됩니다.

즉, 우주산업은 이제 더는 대규모 자본과 기술력만으로 이루어지는 산업이 아닙니다. 데이터를 이해하고 활용할 수 있는 민간의 창의성과 소프트웨어 역량이 주도하는 산업으로 바뀌고 있습니다.

변화는 이미 곳곳에서 감지되고 있습니다. 예를 들어 기상 분야를 보면, 불과 몇 년 전까지만 해도 우리는 기상청이 발표하는 일기예보만 참고했습니다. 하지만 최근에는 기상청의 데이터를 기반으로 해서 자체적으로 분석한 예측 모델을 제공하는 스타트업이 생겨나고 있습니다. 민간 기상 서비스는 기상청 자료에 일본 위성 데이터까지 융합해 더 정교하고 세분된 정보를 제공합니다. 이는 단순한 예측이 아니라 위성 데이터를 상업적으로 가공하고 재해석하는 우주 정보 산업의 한 모델입니다. 아직은 비록 초기 단계지만, 앞으로 기상뿐만 아니라 농업, 재난, 해상 물류, 국방, 환경, 보험, 금융까지 다양한 분야로 확장할 것으로 보입니다.

대한민국의 우주 정책도 이제는 '발사체와 위성 개발 → 데이터 활용 기반 산업 생태계 확장'으로 연결하는 방향 전환이 필요합니다. 기상, 해양, 안보, 물류, 농업 등과 연계한 융합 서비스 산업 육성에 관한 전략적 접근이 시급합니다. 이제는 우주산업이 하드웨어 중심에서 '지능형 소프트웨어' 중심으로 발전하는 시점이라고 봅니다.

심수연 요즘은 위성도 하드웨어 판매가 아니라 구독 서비스처럼 바뀌는 듯합니다. 이른바 'Satellite as a Service'와 같은 경향도 있습니다. 위성의 궤도도 점점 내려가서 저궤도보다 더 낮은 초저궤도 Very Low Earth Orbit, VLEO 시장까지 열리고 있습니다. 이에 관해서도 설명해 주시면 좋겠습니다.

박종승 예전에 국방과학연구소에서 이스라엘의 방산기업 라파엘 Rafael 과 위성기술 협력을 한 적이 있었습니다. 그때 라파엘 측에서 보여 준 초저궤도 위성의 형상을 보고 의구심이 들어 "아니, 이거 미사일 아닙니까?"라고 물었습니다. 위성이라고 하기에는 뾰족한 앞부분과 날렵한 실루엣이 꼭 미사일처럼 보였기 때문이었습니다. 그런데 그 질문에 라파엘의 엔지니어는 아주 자연스럽게 "우주 드래그 Atmospheric Drag 를 줄이기 위해 그렇게 설계했습니다."라고 답했습니다.

저는 재차 질문할 수밖에 없었습니다. "우주에 공기가 없는데, 드래그가 있다고요?"

드래그라는 개념은 보통 대기권 내에서 공기 저항을 받는 물체에 적용됩니다. 그래서 공기의 흐름을 어떻게 통제하느냐가 에너지 효율과 기동 성능에 큰 영향을 미치는 미사일이나 전투기, 자동차 등을 제작할 때는 이 드래그 개념이 매우 중요합니다. 그런데 '우주'에서, 그것도 위성 설계에 드래그를 고려했다고 하니, 처음에는 다소 생소하게 들렸습니다.

그러나 초저궤도, 특히 고도 300km 부근은 완벽한 진공 상태가 아닙니다. 공기의 밀도는 매우 낮지만, 위성의 수명과 속도, 움직임, 궤도 안정성 등에 영향을 미칠 정도는 됩니다. 애초에 이를 '우주 드래그'라고 말했던 이유였습니다. 결국 라파엘은 300km 초저궤도에 배치할 위성의 공기 저항을 줄일 목적으로 마치 미사일처럼 앞이 뾰족한 유선형의 위성을 설계한 것이었습니다. "라파엘은 왜 초저궤도 위성을 설계하고 제작하려고 합니까?"라는 근본적인 질문도 했는데, 담당자는 "이스라엘은 사방이 적국입니다. 항상 움직임을 보고 있어야 합니다. 우리는 긴급 대응 임무에 관해 고민하고 있습니다."라고 대답했습니다.

초저궤도 위성은 지상 가까이에 있으므로 해상도가 매우 높습니다. 심지어 cm 단위의 정밀 관측도 가능합니다. 위성 안테나의 크기를 작게 만들어도 거리 자체가 가까워서 충분한 신호 품질을 확

유럽 우주청European Space Agency, ESA의 초저궤도 위성 GOCE (출처: 유럽 우주청)

유럽 우주청의 초저궤도 실증위성 Skimsat (출처: 이탈리아 Thales Alenia Space)

보할 수 있습니다. 물론 수명 문제가 있기는 합니다. 고도 300km의 우주 환경에서는 우주 드래그 때문에 궤도 유지에 필요한 에너지가 빨리 소모됩니다. 결국 위성은 2~3년 내로 대기권에 재진입되거나 기능이 저하됩니다. 그래서 초저궤도 위성은 보통 '짧고 강하게' 사용합니다. 즉, 필요할 때 즉시 발사해서 단기 집중 감시나 긴급 정찰용으로 씁니다.

라파엘 연구원과의 만남은 기술의 본질은 물리와 전략에서 출발한다는 점을 다시금 상기시켜 줬습니다. 미사일처럼 생긴 위성을 보며 단순한 형상 뒤에 숨겨진 전략적·과학적 판단을 이해했습니다. 그리고 국방과학연구소 소장 재임 중에 '빠른 발사, 정찰 임무'를 수행하는 전략으로 '초저궤도 위성을 활용한 감시정찰'을 미래도전 과제로 선정했습니다. 이 과제는 지금도 국방과학연구소에서 진행 중입니다.

심수연 우주 개발의 방향이 지구로부터 더 멀리 나아가는 방향만 있을 것 같았는데, 지구와 더 가까운 방향으로의 활동도 함께 증가하는 경향이 흥미롭습니다.

6G 시대의 새로운 안보 위협

우주 안보 시대의 도래

심수연 2022년 러시아의 우크라이나 침공 당일에 비아셋^{Viasat} 정지궤도 위성에 대한 사이버 공격이 있었습니다. 위성 요격 무기$^{Anti-Satellite\ Weapon,\ ASAT}$는 아니었지만, 위성 자체에 대한 우주 기반 사이버 공격의 최초 사례로 보고 있습니다. 이는 전쟁 초기 유럽과 우크라이나 통신망에 큰 피해를 줬습니다. 해당 사례는 소수 위성에 의존하는 통신망의 취약점을 보여 줬다고 생각합니다. 일반적으로 정지궤도 위성은 소수에 불과하기 때문입니다. 일론 머스크가 스페이스X의 스타링크를 한때 우크라이나에 대량으로 공급하기도 했지만, 이

일론 머스크가 2022년 6월 우크라이나에 공급한 스타링크 (출처: 일론 머스크 공식 X(트위터) 계정)

후에는 스타링크 차단을 언급하는 등 도리어 우크라이나를 압박하는 수단으로 삼는 모양새를 보이기도 했습니다. 이런 점을 고려하면 저궤도 통신 위성의 전략적 중요성이 더욱 커 보입니다.

박종승 2022년 러시아의 우크라이나 침공은 지상전뿐만 아니라 우주 공간의 통신망까지 전장의 일부가 된 사례로 평가할 수 있습니다. 특히 위성 기반 통신은 군사 지휘, 정찰, 드론 운용 등에서 핵심 인프라 역할을 했고, 결국 적대적 사이버 공격과 전자전의 표적이 됐습니다. 실제로 전쟁 개시와 동시에 우크라이나와 유럽에 걸친 주요 위성 네트워크가 해킹되어 통신 장애가 발생했고, 이후 스타링크의 저궤도 위성통신망이 우크라이나군의 통신 생명선으로 떠올랐습니다.

당시 글로벌 위성통신 회사인 비아셋이 정지궤도 위성을 통해 유럽 지역에 고속 인터넷 및 통신 서비스를 제공하고 있었는데, 한 위성망의 관리 시스템이 뚫리자 유럽 전역의 통신 장애로 이어졌습니다. 통상 소수의 강력한 위성으로 넓은 지역을 담당하는 시스템은 한 기만 손상돼도 영향을 미치는 범위가 매우 클 수밖에 없습니다. 이런 '단일 장애점Single Point of Failure, SPOF'[11] 특성은 공격에 취약한데, 실제로 정지궤도 위성은 자리가 고정되어 있어 위치가 노출되기 쉽고 전파 교란에 약점이 있습니다. 그래서 적은 상대적으로 먼 거리에서도 강력한 교란 신호를 보내 넓은 지역의 통신을 방해할 수 있습니다. 또한 위성 요격 무기 등을 이용한 물리적인 위성 파괴는 고도에 따른 기술적 난이도가 높지만, 일단 성공하면 해당 위성이 담당하는 광범위한 지역에 통신 두절을 일으킬 위험이 있습니다.

요약하자면, 정지궤도 위성은 소수 정예로 운용하는 만큼 한 기라도 기능을 상실하면 치명적이며, 사이버 공격이나 전자전을 통해 집중적으로 타격받았을 때는 막대한 통신 손실을 초래합니다.

반면, 저궤도 위성은 고도 수백~수천 km 이하에 다수 배치되어 군집을 이루는 소형 위성들이라 각 위성이 담당하는 영역은 좁지만, 수백~수천 기의 위성이 상시 네트워크를 구성해 통신 서비스를 제공합니다. 이런 다중 구성은 높은 중복성과 복원력을 부여해 일부 위성이 고장 나거나 파괴돼도 전체 서비스에 미치는 영향은 제한적입니다. 예를 들어 스타링크는 2025년 기준으로 약 7,000기의 위성을

---

[11] 시스템을 구성하는 요소 중 동작하지 않으면 전체 시스템이 중단되는 요소를 의미한다.

우크라이나 군인이 '디지털 생명줄'과 다름없는 스타링크 시스템을 준비하는 모습 (출처: 로이터/연합뉴스)

운용하는데, 러시아가 보유한 소수의 제한된 마비 체계로는 이 다수의 위성을 무력화하기가 어렵다고 봅니다.

심수연 말씀하신 대로 안보 측면에서 저궤도 통신 위성의 전략적 중요성이 커 보입니다. 러시아-우크라이나 전쟁이 향후 전 세계의 군사 전략 및 우주자산 보호 정책에 미칠 영향은 어느 정도 수준이 될까요? 그리고 이에 따른 우리의 대응 방안에는 무엇이 있을까요?

박종승 러시아-우크라이나 전쟁을 계기로 우주 공간은 해양, 공중과 더불어 명실상부한 현대전의 일선 영역으로 인식되기 시작했습니다. 이번 사례는 상업용 위성 네트워크가 전쟁의 승패를 좌우할 수 있고, 이와 동시에 적의 공격 목표도 될 수 있음을 보여 줬습니다. 그래서 각국의 군사 전략과 안보 정책에는 여러 변화가 나타나고 있습니다.

첫째, 상업 위성에 대한 군사 의존과 통제 문제가 부상했습니다. 우크라이나는 스타링크에 전적인 의존을 통해 많은 이점을 얻었지만, 한편으로 민간기업의 의사결정과 물적 지원에 군사 작전이 영향을 받는 위험을 겪었습니다. 이를 교훈 삼아 미국 국방부 등은 주요 상용 위성 서비스와 정식으로 계약하고 통제권 확보를 추진하고 있습니다. 실제로 미국 정부는 스타링크의 서비스 비용을 부담하고 사용을 조율하는 계약을 맺었습니다. 유럽에서도 러시아-우크라이나 전쟁이 촉발한 유럽의 우주 주권을 강화하려는 움직임이 있다는 발표가 있었습니다.

둘째, 우주자산에 대한 공격 억제와 대응 전략이 논의되고 있습니다. 러시아의 비아셋 해킹과 스타링크 교란 시도는 적국이 아군의 위성 자산을 사이버·전자적·물리적으로 타격할 의지가 얼마든지 있음을 보여 줬습니다. NATO와 우방국들은 "우주 공간에 대한 공격은 지상에 대한 공격과 동일한 중대 대응을 초래할 것"이라는 원칙을 재확인하고 있고, 2022년 NATO는 새로운 우주 정책을 통해 우주자산에 대한 물리 공격뿐만 아니라 사이버 공격도 집단안보 대응 범위에 해당한다고 선언했습니다. 또한 우주 영역에서의 국제 공조를 강화해 평상시에는 위성 사이버 방어 지원 및 정보 공유를, 유사시에는 공동 대책을 마련하는 노력을 진행 중입니다. 향후에는 민·

군 협력을 통한 우주 인프라 방호 체계 구축 역시 가속화될 전망입니다.

셋째, 우주자산의 분산과 기민한 복구 전략의 수립입니다. 대형 정지궤도 위성과 저궤도 위성을 혼합해 통신망 구성을 다층화하고, 예비 위성이나 신속 발사 체계를 마련해 위성 손실 시 빠르게 대체하는 전략이 필요합니다.

넷째, 우주 영역에 대한 감시와 억제책이 필요합니다. 적의 위성 공격 조짐을 조기 탐지할 수 있는 우주 감시 시스템을 발전시키고, 공격을 받으면 국제적 대응을 천명해서 억제력을 확보해야 합니다. 이런 대비책이 있어야 위성통신망의 취약성을 보완하고 전시에 안정적으로 통신을 유지할 수 있습니다. 그리고 상업용 우주기업이 전쟁에서 일정 역할을 할 수 있도록 민·군 협력 체계 수립 및 제도 정비가 필요합니다.

마지막으로 전 세계가 우주전space warfare 시대의 도래를 실감했습니다. 러시아-우크라이나 전쟁의 경험은 우주 공간을 둘러싼 새로운 전쟁 양상을 보여 줬습니다. 이는 국제 사회와 군사 전략가들에게 위성 통신망의 보호와 활용에 대한 중대한 과제를 안겨 줬습니다. 향후 분쟁에서는 우주와 사이버를 아우르는 입체적 방어 전략이 승패를 좌우할 가능성이 크며, 이에 관한 지속적인 연구와 대비가 필요합니다.

심수연 그렇다면 대한민국에는 당장 무엇이 필요할까요? 현재 우리의 대비 상황에 관해 조금 더 설명해 주시면 좋을 듯합니다.

박종승 2024년 저궤도 통신 위성 사업이 예비타당성 조사를 통과해 연구개발 기관을 선정하는 등 새로운 전환점에 서 있습니다. 앞으로 이 사업을 어떻게 발전시킬지는 단순한 기술 문제를 넘어서 국가 안보와 외교 전략, 특히 동맹국과의 협력 방향까지 고려해야 하는 중대한 과제라고 봅니다.

우리가 스페이스X와 같은 초대형 민간 우주기업의 성장 경로를 그대로 따라가기는 어렵습니다. 따라서 독자적인 기술 개발을 추진하되, 이와 동시에 우주 분야에서의 전략적 국제 협력도 고민해야 할 시점입니다. 특히 미국과 유럽 중 어떤 파트너가 대한민국의 안보와 우주산업 발전에 더 유리한지에 관한 분석이 필요합니다. 유럽은 상업 위성을 중심으로 한 기술 협력에 열려 있고, 미국은 군사·안보 중심의 동맹 기반 협력을 더욱 강하게 구축하려고 합니다. 따라서 서로 일장일단이 있을 듯합니다.

무엇보다 중요한 과제는 한·미 동맹의 안정적 유지입니다. 트럼프 1기 때 주한미군 방위비 협상 문제 등으로 한·미 동맹의 불확실성이 불거졌던 점을 고려한다면, 향후 정권 변화와 대외정책 변화에 대비한 중장기 협력 로드맵이 필요합니다. 결국 저궤도 통신 위성 사업은 이제 단순한 기술 개발 차원으로 생각할 수 없습니다. 외교·안보 전략과 산업 정책이 긴밀히 연계돼야 할 국가 전략 사업입니다.

우리는 지금 기술 독립과 국제 협력의 균형점을 찾아야 하는 시점에 와 있습니다.

국가적 우주 안보 전략의 필요성

심수연 현재 위성과 관련 있는 상업적 활동이 폭증하고 있습니다. 이런 상황에서 국가 단위의 안보를 강화하기 위해 전략적으로 추진해야 할 방향을 어떻게 설정해야 한다고 보시나요?

박종승 냉전 시대에는 정부가 우주 개발에 전폭적으로 투자하고, 국가가 전부 책임지는 구조였습니다. 하지만 오늘날에는 그런 방식이 더는 유효하지 않습니다. 이제는 민간 주도의 기술 혁신과 시장 메커니즘을 활용하는 시대입니다. 우주 영역도 예외는 아닙니다. 우리나라 안보 환경과 우주 전략을 좁혀 보자면, 최근 가장 중요한 과제 중 하나는 감시정찰 자산의 확보, 특히 우주 기반 감시정찰 능력의 강화입니다. 이 분야는 군사 작전에서 매우 전략적으로 활용하고 있으며, 앞으로도 국가 안보의 핵심이 되리라고 봅니다.

과거에는 고성능 정찰을 수행하려면 무조건 대형 위성을 발사해야만 했으나, 이제는 기술 발전과 비용 효율성을 고려해 소형 고성능 위성 중심으로의 전환이 진행 중입니다. 위성의 대형화보다는 고해상도, 경량화, 저비용, 다수 운용 가능성 등의 장점을 지닌 소형 위성

민간 우주기업 플래닛의 군집위성 상상도 (출처: 플래닛 공식 X(트위터) 계정)

군Constellation, 콘스텔레이션이 대세가 되고 있습니다.

다행히도 2021년 한·미 미사일 지침 폐기 이후 우리나라는 우주발사체 기술을 자율적으로 개발하고 활용할 수 있는 여건을 갖추게 됐습니다. 그 덕분에 국내의 우주 생태계는 더 건전하고 자율적인 방향으로 나아갈 기회를 맞았습니다.

현재 국내 기술의 수준은 상당히 고도화되어 있으며, 고해상도 영상 정찰 분야에서는 cm급 해상도 달성을 현실화하고 있습니다. 불과 몇 년 전까지만 해도 상상하기 어려웠던 성과입니다. 이제는 단순히 위성을 제작하는 수준을 넘어 위성 활용 서비스 산업으로 영역을 확장하고 있습니다. 이른바 뉴 스페이스 시대에 발맞춰 민간기업의 적극적인 참여와 혁신이 이루어져야 할 시점입니다.

다만, 한 가지 보완해야 할 중요한 분야는 신호정보SIGINT 위성[12] 분야입니다. 아직까지 이 영역은 전적으로 군사용으로만 접근하고 있으며, 국내 기술과 전략적 관심이 아직 부족한 상황입니다. 국방부와 국가정보원 등 관련 기관이 전략적 위성의 정보 수집 능력 확충에 주도적으로 나서야 하며, 국가 차원의 투자와 연구개발 체계 구축도 시급합니다. 결국 미래의 안보는 단순히 무기의 화력이나 병력 중심이 아니라 정확한 정보 수집과 빠른 판단을 가능하게 하는 우주 기반 정찰 능력 중심이 돼야 합니다. 지금이야말로 국가 안보의 미래를 위해 우주 전략을 근본적으로 재정비해야 할 시점입니다.

핵 없이도 '공포의 균형Mutual Assured Destruction, MAD'이 가능하려면, 정찰 위성과 미사일 역량의 결합이 필요합니다. 대한민국은 핵무장을 하지 않은 국가입니다. 따라서 국제정치에서 흔히 말하는 공포의 균형 상태를 형성하기가 어렵습니다. 공포의 균형이란 핵보유국들 사이에서 상대의 핵 공격에 대해 즉각적이고 괴멸적인 보복이 가능하다는 인식이 상호 형성되어 있어 누구도 먼저 공격하지 못하도록 억제하는 전략적 상태를 말합니다. 이는 냉전 시기에 미·소 양국 간의 핵전쟁을 방지했던 중요한 요인이기도 했습니다.

그러나 지금 한반도의 현실은 그때와 다릅니다. 우리는 핵이 없으므로 엄밀한 의미에서 공포의 균형 상태에 있지 않습니다. 다만, 2021년 미사일 지침 폐기 이후 고위력 재래식 미사일을 자유롭게 개발할 수 있게 됐던 점은 전략적 전환점이라 볼 수 있습니다. 탄두 중량 제한이 폐지되면서 벙커버스터bunker buster13) 기능을 갖춘 초고위력 미사일을 얼마든지 개발하고 보유할 수 있는 기반을 마련했기 때문입니다. 이제 핵무장 없이도 억지력을 확보할 수 있는데, 핵심은 단 하나입니다. 바로 상대가 "당신이 핵 버튼을 누르는 순간, 몇 분 이내로 당신은 사망할 것이다."라는 메시지를 현실로 자각하게 만들 수 있어야 진정한 의미의 '비핵 공포의 균형'을 이룰 수 있습니다. 이에 필요한 요소는 미사일뿐만 아니라 미사일을 '정확히' '적시에' 쏠 수 있게 해 줄 정보 감시 체계, 즉 '눈'과 '귀'의 확보입니다.

그런 관점에서 현재 우리가 절실히 확보해야 할 감시정찰 자산은 악천후나 야간에도 북한의 지형 및 시설을 정밀 감시할 수 있는 SAR 위성과 고해상도 광학/적외선 영상을 제공하는 EO/IR 위성, 그리고 북한이 보유한 통신·레이더 등의 신호와 정보를 수집할 수 있는 신호정보 위성입니다. 이런 자산은 북한 전역을 365일 24시간 내내 실시간으로 감시할 수 있는 기반으로 구축돼야 합니다. 하지만 현재 대한민국은 특히 신호정보 위성과 같은 전략 자산을 미국에 의존하고 있으며, 항공기 기반의 북한 전역 감시 능력에도 명확한 한계가 존재합니다.

앞으로 우리는 다음과 같은 방향으로 전략을 전환해야 합니다. SAR, EO/IR, SIGINT 위성을 조속히 확보해 정찰 위성 전력의 자

---

12) 신호정보 위성은 우주와 지상에서 발생하는 통신 및 전자신호를 수집하는 위성으로, 수집한 신호를 토대로 신호원의 위치와 신호의 종류를 식별하는 역할을 한다. SIGINT는 신호를 뜻하는 시그널^{signal}과 정보를 뜻하는 인텔리전스^{intelligence}의 합성어다.
13) 지하에 숨겨 놓은 적군의 벙커 시설 등을 무력화하거나 강화 콘크리트 등으로 만든 지하 특수 강화 구조물을 파괴할 때 사용하는 폭탄.

신호정보 위성 HawkEye 360 Satellite (출처: eoPortal)

립을 달성하고, 저궤도 소형 군집위성으로 재방문 주기를 단축하며, 인공지능 기반 분석 역량 확보와 같은 정보 활용 체계의 고도화를 통한 실시간 응징 체계를 구축하는 등 위성군(군집) 체계 도입이 필요합니다.

핵 없는 대한민국이 비핵 억제 전략을 확립하려면 초고위력 미사일과 함께 이를 실시간으로 활용할 수 있는 정밀한 눈과 귀가 필수입니다. 이는 단지 국방력의 문제가 아니라 국가 생존 전략의 문제입니다. 이 순간에도 북한은 핵·미사일 능력을 고도화하고 있으며, 러시아와의 기술 협력을 통해 정찰 위성 확보를 지속해서 시도하고 있습니다. 더는 지체할 시간이 없습니다. 대한민국도 이제는 '눈을 뜨고 귀를 여는' 국가 전략을 실행에 옮겨야 합니다. 결론적으로 '정찰 위성-초고위력 미사일-작전 지휘 체계'의 유기적 통합이 한국형 '비핵 공포의 균형' 전략이어야 합니다.

심수연 북한의 핵·미사일 위협이 지속하면서 국내에서도 핵무장의 필요성에 관한 담론이 계속 나오고 있는데, 핵무장이라는 고위험·고비용 선택지보다 더 현실적인 '비핵 억지' 방안을 제시해 주셨습니다. 그리고 여기에는 우리의 '눈과 귀'가 될 우주자산이 필수적이라는 점도 말씀해 주셨습니다.

지능형 위성과
6G 통신 인프라 혁신

우주 분야에서도 빼놓을 수 없는 인공지능

심수연 최근 인공지능을 어떻게 적용하는가가 모든 산업군에서 큰 관심사로 떠올랐습니다. 우주 분야도 마찬가지입니다. 지금 인공지능과 우주가 어떻게 만나고 있는지, 그리고 어떤 시도를 진행하고 있는지요?

박종승 지금 우주 분야는 인공지능 기술과 융합을 통해 '스마트 우주 생태계'로 진화하고 있습니다. 하드웨어 분야와 소프트웨어 분야로 나누어서 살펴봅시다. 소프트웨어 분야에서는 이미 해양, 농업, 국방 등의 분야에서 SAR, EO/IR 고해상도 영상을 인공지능이 자동으로 판독해 이상 징후를 자동으로 식별하거나 SAR, EO/IR 영상 등을 통합해 실시간 인식 정확도를 향상하는 인공지능 기반 데이터 분석이 이루어지고 있습니다.

하드웨어 분야에서는 미국 국방고등연구계획국Defense Advanced Research Projects Agency, DARPA의 '블랙잭Blackjack' 사례가 대표적입니다. 이는 인공지능 자율 군집위성처럼 온디바이스On-device14) 인공지능 반도체를 탑재한 위성으로 궤도 및 자율 조정을 통한 임무 수행이 가능합니다. 또한 우주와 지상 간의 제한된 통신 대역폭을 극복하기 위해 인공지능이 영상을 압축하고 복원하고 노이즈를 제거하는 역할을 할 수도 있습니다.

즉, 많은 감시정찰 위성 데이터를 궤도상에서 바로 처리해서 압축한 데이터를 지상으로 다운 링크할 수 있습니다. 그러면 기존에 데이터를 지상으로 전송할 때 필요했던 전자 장비를 줄일 수 있으므로 대형 위성을 소형화하는 선순환 구조로 이어질 수 있습니다.

심수연 인공지능을 탑재한 자율 위성이나 군집위성에 관한 연구도 활발한데, 이 기술의 잠재력은 무엇이라고 보시나요?

박종승 향후에는 수십~수백 개의 저궤도 군집위성을 인공지능으로 협업해 운용하는 단계로 진화할 것으로 보입니다. 인공지능을 온디

---

14) 단어의 뜻은 기기에 AI 칩을 내장(탑재)한다는 의미이며, 이를 통해 전체 서버와 연결하지 않고도 기기 자체에서 인공지능의 역할을 수행하는 기술이다. 정보 보안과 빠른 처리 속도에 장점이 있다.

온디바이스 AI 칩 탑재 모듈 (출처: 모빌린트 Mobilint 홈페이지 홍보 자료)

바이스로 위성 내부에 탑재하면 위성 스스로 궤도를 조정하고 실시간으로 임무를 수행할 수 있습니다. 이는 단순히 자동화된 위성이 아니라 자율적으로 판단하고 협업할 수 있는 '자율 군집위성'이라는 개념으로 발전하고 있습니다. 예를 들어 미국 DARPA의 '블랙잭' 프로젝트나 SpaceWERX의 '오비탈 프라임Orbital Prime' 같은 프로그램은 이미 우주에서의 자율 작전과 우주 내 서비스, 조립 및 생산In-Space Servicing, Assembly & Manufacturing, ISAM 등의 가능성을 실증한 바 있습니다. 이는 민간과 군이 함께 만드는 새로운 우주 작전 모델이고, 임무의 속도와 효율을 획기적으로 높여 줄 수 있습니다.

특히 저궤도 위성의 수가 폭발적으로 증가하고, 이에 따라 위성에서 떨어져 나오는 부품과 우주 파편의 위협이 커지면서 실시간으로 우주 상황을 인지하고 판단하는 '우주 상황 인식Space Domain Awareness' 역량이 중요해졌습니다. 또한 인공지능은 위성에 탑재한 다중 센서 데이터를 빠르게 분석해 전장 상황을 실시간으로 파악하고, 적 위성의 움직임까지 감지할 수 있게 해 줍니다. 이는 미래 전장의 통합 지휘통제 시스템, 즉 '전 영역 동시 통합 지휘통제Joint All Domain C2'의 실현에 필수적인 기술입니다.

심수연 상업적으로나 군과 안보 측면으로나 많은 변화가 보이고, 앞으로도 계속 발전할 듯합니다. 이런 변화 속에서 민·군, 민·관 협력은 어떤 의미를 지닐까요?

박종승 인공지능과 우주 분야는 속도가 생명입니다. 민간은 빠르게 변화하는 기술을 보유하고 있고, 군은 강력한 운영 환경과 실전을 경험할 수 있는 장(場)을 갖고 있습니다. 이 둘이 만나면 기술 개발부터 실전 배치까지 걸리는 시간을 단축할 수 있고, 혁신도 훨씬 민첩하게 일어납니다. 특히 미국처럼 스페이스X나 팔란티어 등과 같은 새로운 민간기업이 방산 시장에 적극적으로 진입해서 경쟁을 촉진하는 구조는 우리에게도 시사하는 바가 큽니다. 대한민국도 인공지능·우주기술 기반 민간기업들이 방산 분야로 확대·진출할 수 있는 환경을 만들 필요가 있습니다.

심수연 2024년에 팔란티어의 CTO 샴 샹카Shyam Sankar가 〈The Defense Reformation〉이라는 방산 개혁 보고서를 발간했습니다. 이 보고서에서 그는 미국의 기존 국방 산업과 무기 개발 방식이 잘못됐으며, 인공지능 시대를 맞아 민간 혁신을 활용할 수 있도록 이를 근본적으로 개혁해야 한다고 주장한 바 있습니다.

박종승 샴 샹카의 보고서는 현재 미국 방산 시스템이 느리고 비효율적이고 지나치게 정부 지원에 의존한다는 문제를 지적하며, 이 점이 미국의 국방력이 약해지고 있는 이유라고 비판합니다. 반면, 스페이스X나 팔란티어처럼 상업성과 기술력을 모두 갖춘 민간기업이 방산 시장에 뛰어들면서 훨씬 빠르고 저렴하게 기술을 개발하고 있다고 평가합니다. 이 보고서는 방산업체가 민간의 경쟁력을 갖춰야 하고, 인공지능과 소프트웨어 역량을 강화해야 한다고 강조합니다. 이런 샴 샹카의 지적은 미국에만 해당하는 내용이 아니라 우리에게도 몇 가지 시사하는 바가 있다고 생각합니다.

첫 번째는 방산업체의 독점 구조를 깨야 한다는 점입니다. 미국에서도 정부가 단일 구매자Monopsony 역할을 하며 몇몇 방산업체에만 의존하는 문제가 있다고 지적합니다. 이에 대해 그가 제시한 해결 방법은 간단합니다. 더 많은 회사가 무기를 개발할 수 있도록 경쟁을 촉진해야 한다고 촉구합니다. 스페이스X처럼 새로운 회사들이 방위 산업에 진출하도록 유도해야 한다는 주장입니다.

두 번째는 비효율적인 계약 방식을 폐지해야 한다는 점입니다.

현재 미국의 방산업체들은 비용 플러스 계약Cost-plus Contracting을 통해 돈을 쉽게 벌고 있습니다. 즉, '개발 비용이 많이 들었다'는 이유로 원 계약보다 더 많은 돈을 받아 가는 구조입니다. 이런 문제를 해결하려면 정해진 예산 내에서 개발하도록 경쟁하며 혁신을 촉진할 수 있는 방식을 도입해야 한다고 주장합니다. 예를 들어 NASA가 기존 방식대로 발사체를 개발하면 4조 원이 들지만, 스페이스X는 그 10분의 1인 4,000억 원으로 똑같은 일을 해결할 수 있다는 이야기입니다.

세 번째로는 미국의 무기 개발이 여전히 요구사항 중심으로 진행되는 문제가 있다고 지적합니다. 이는 우리도 마찬가지입니다. 지금까지는 군에서 미리 요구사항을 정하고, 기업이 그것을 그대로 맞춰 주는 방식으로 개발하는 구조였습니다. 그러다 보니 과학기술의 발전을 따라가지 못하고, 혁신 경쟁이 일어나지 않았습니다. 보고서에서는 전쟁에서의 '승리'를 기준으로 유연한 개발이 필요하다고 지적하는데, 사실 우리에게도 꼭 필요한 부분입니다. 실전에 필요한 무기를 빠르게 만들고 승리를 위해 즉각적인 개선이 가능해야 하는데, 그러려면 지금까지의 획득 구조를 획기적으로 개혁할 필요가 있습니다.

심수연 말씀을 들어 보니 궁금해졌는데, 대한민국에서도 스페이스X나 팔란티어, 안두릴 같은 회사가 탄생해서 국방 혁신을 이끄는 모델이 될 수 있을까요?

박종승 가능합니다. 이미 대한민국에는 우주, 인공지능, 로봇 등 각 분야에서 기술력을 갖추고 있거나 그렇게 되려고 태동하고 있는 기업이 많습니다. 문제는 이런 기업들이 우리 국방 생태계에 진입하기가 구조적으로 어렵다는 점입니다. 복잡한 입찰 절차나 대기업 위주의 줄 세우기가 장벽이 되고 있습니다. 정부는 방산 시장에 대한 민간 접근성을 높이고, '신속 획득 제도'나 '방산 샌드박스' 같은 정책 도입을 통해 유망 기업이 국방 관련 산업에 빠르게 진입할 수 있도록 해야 합니다.

또한 민간 기술은 상용성과 확장성이 뛰어나지만, 군은 안전성과 보안성을 최우선으로 본다는 점을 지적하지 않을 수 없습니다. 왜냐하면 이 간극이 협업을 어렵게 만들기 때문입니다. 예를 들어 민간 인공지능은 실시간 클라우드 연결을 전제로 개발되지만, 군의 작전 환경에서는 폐쇄망에서 프로그램을 운용해야만 합니다. 이런 부분을 해결하려면 민·군 기술 인증 체계를 정비하고, 이중 용도$^{\text{dual-use}}$ 기술에 관한 연구개발과 투자를 활성화하는 방향으로, 그리고 이를 빠르게 적용할 수 있는 방향으로 정책을 설계해야 합니다.

심수연 최근 미국 우주군이 'AI 우주 작전 체계'를 본격화했다는 소식이 이슈가 된 바 있습니다. 이 작전 체계의 의미는 무엇인가요?
박종승 미국 우주군의 움직임은 단순한 기술 도입이 아닙니다. 작전 개념 자체의 전환을 뜻합니다. 인공지능을 통해 실시간 판단과 자율 대응이 가능해지면, 인간의 의사결정 한계를 뛰어넘는 속도로 전장을 운영할 수 있습니다. 우리도 이런 변화에 대응하려면 단순 기술 개발을 넘어서 인공지능 기반 작전 콘셉트 및 운용 교리 개발에 투자해야 합니다. 그러려면 국방과학연구소 같은 기관뿐만 아니라 민간 인공지능 기업과의 협업 기반도 전략적으로 만들어야 합니다.

심수연 인공지능과 우주를 이야기할 때, 중국을 빼놓을 수 없습니다. 2024년 말 미국 국방부가 발표한 의회 제출용 연례 보고서 중 〈중국 군사력 보고서 Military & Security Developments Involving the People's Republic of China 2024〉에서 중국의 우주 및 인공지능 전략이 크게 주목받았습니다. 이 연례 보고서는 중국이 인공지능과 위성 기반 감시 체계를 본격적으로 결합해 정밀 타격 능력을 빠르게 고도화하고 있다는 점을 강조했습니다.

박종승 사실 중국은 2010년만 해도 단 36기의 위성만을 운영했지만, 2024년 기준으로 1,000기 이상을 운영하고 있고, 그중 360기 이상을 감시정찰 Intelligence, Surveillance, & Reconnaissance, ISR 임무에 사용하고 있습니다. 이 위성들이 수집한 데이터를 인공지능으로 실시간 분석해 미국과 동맹국의 움직임을 추적하고, 정밀 유도 미사일 공격 타격점을 지정하는 방식으로 운용한다고 합니다.

특히 다영역 정밀전 Multi-domain Precision Warfare 이라는 개념이 주목할 만합니다. 육·해·공·우주·사이버에 걸친 정보를 인공지능이 통합 분석해서 더 빠르고 정밀한 합동 작전을 수행한다는 전략입니다. 미국의 전 영역 동시 통합 지휘통제와 유사하지만, 중국도 독자적 군사 교리로 체계화하고 있다는 의미로 해석할 수 있습니다.

심수연 인공지능을 활용한 '우주 상황 인식' 능력을 강화하면, 향후의 전장 환경은 어떻게 달라질까요?

박종승 지금까지는 위협이 발생하면 사람이 데이터를 해석하고 대응했지만, 인공지능 기반 우주 상황 인식은 '위협 감지-판단-대응'까지 자동으로 할 수 있습니다. 실시간으로 적 위성의 움직임을 추적하고, 필요시 자산을 재배치할 수 있는 수준입니다. 그런 관점에서 대한민국도 이 분야에 투자할 필요가 있습니다. 특히 국내 위성 체계와 인공지능 분석 플랫폼의 연동성 강화, 그리고 자체 데이터셋 확보가 중요합니다. 미국의 사례처럼 민간 상용 위성을 통한 데이터 수집도 전략적으로 검토할 시점이라고 봅니다.

　미래 전장은 상시 감시와 초지능 판단, 초고속 대응이 가능한 체계로 진화할 겁니다. 수백 개의 자율 군집위성이 지구 궤도에서 움직이며 전장을 실시간으로 관찰하고, 지상과 우주의 모든 영역을 통합적으로 연결해 작전을 수행하는 시대가 왔다고 봐야 합니다. 이런 시대를 잘 준비해서 맞이하려면 우리나라도 국내 생태계 안에서 기술을 발전시키고, 지속 가능한 우주 안보 역량을 확보하는 방향으로 가야 합니다.

심수연 변화의 속도를 보면 두려운 마음이 들 정도입니다. 우리가 조속히 우주 안보 역량을 확보하려면 어떤 전략이 필요할까요?

박종승 중요한 점은 기업들이 방산 생태계 안에서 제 역할을 할 수 있도록 제도적·정책적으로 문을 열어 줘야 한다는 겁니다. 국방도 실리 중심의 전략으로 인공지능·자율 시스템을 빠르게 받아들여야 합니다. 기술 개발 속도, 유연한 계약 구조, 실전 중심의 운용 방식이 향후 대한민국의 인공지능 우주 전략을 좌우하게 될 겁니다.

2장

미사일 개발 제한 시대에서 자율적 우주 개발 시대로

2021년 한·미 미사일 지침 해제는 대한민국 전략사의 분수령이었다. 지난 수십 년간 대한민국은 고체연료 추진체 개발과 중장거리 발사체 역량 확장에 제약을 받아 왔다. 하지만 이제 대한민국은 제한 없이 미사일을 개발하고 독자적으로 고체 우주발사체를 이용해 궤도에 위성을 올릴 수 있는 기술적 자율권을 확보했다. 우주 개발의 핵심은 '쏘아 올리는 능력'이다. 고체연료 기반 발사체는 민·군 모두에 큰 의미를 지닌다. 그리고 발사체부터 발사장, 궤도 운용까지의 생태계 전반을 새롭게 설계해야 할 시점이다.

우주를 둘러싼 남북한의 경쟁도 갈수록 치열해지고 있다. 북한은 이미 대륙간 탄도미사일 보유 기술 등을 활용해 우주발사체와 위성 개발에 심혈을 기울이며 우주 영역으로의 진출에 박차를 가하고 있다. 이에 대응하기 위해서라도 대한민국은 감시정찰, 통신 체계를 어떻게 확보하고 개선할지에 관한 전략적 관점이 필요하다.

미사일 지침 해제와
전략 자율성 획득의 의의

미사일 기술로 우주를 넘보다

심수연 박 소장님을 처음 뵌 지도 이제 10년이 훨씬 넘은 듯합니다. 당시 저는 외교부에서 미사일기술통제체제^{Missile Technology Control Regime,} MTCR를 비롯한 미사일 국제규범을 담당하고 있었고, 소장님께서는 그때 국방과학연구소에서 미사일본부장직을 수행하고 계셨습니다. 그 이후 연구소장까지 역임하시고 33년간 근무하시다 퇴직하셨습니다. 처음에 어떻게 국방과학연구소에 들어가시게 됐는지 궁금합니다. 그리고 그간 어떤 일을 주로 하셨고, 무슨 체계를 담당하셨는지도 설명을 곁들여 주시면 좋겠습니다.

박종승 국방과학연구소에는 1991년 가을에 입소했습니다. 당시 연구소는 일반 채용과 특별 채용 두 가지 제도를 운영했는데, 지금은 폐지된 특별 채용을 통해 9월 1일 자로 입소했습니다. 서울 홍릉에 위치한 카이스트[KAIST]를 졸업한 뒤 대전으로 내려왔는데, 입소 당시만 해도 국방과학연구소에 관한 깊이 있는 이해는 부족했습니다.

처음 맡은 과제는 미사일 기술 고도화 연구였고, 이를 계기로 본격적으로 미사일 분야에 발을 들이게 됐습니다. 이후 2010년에는 체계실장으로 임명되어 미사일 시스템 설계를 총괄하는 역할을 맡았습니다. 그리고 연구소장으로 취임하기까지 줄곧 미사일 분야에 전념하며 다양한 무기 체계 개발과 전략 구현에 헌신해 왔습니다. 실무 연구원 시절에는 미사일 기술의 정밀도와 성능 향상에 주력했고, 이후 미사일본부장으로 근무하면서는 탄도미사일, 순항 미사일, 그리고 미사일 방어 체계인 M-SAM과 L-SAM[1] 등을 전부 포괄하는 전반적인 체계 개발을 총괄했습니다. 이처럼 다양한 미사일 체계를 종합적으로 기획하는 역할을 수행하며, 대한민국 미사일 전력의 질적 향상과 한국형 3축 체계[2] 구현에 노력을 많이 기울였습니다.

---

1) 미사일 방어 체계의 핵심인 요격용 미사일로, M-SAM은 저고도에서 적의 탄도미사일을 요격하는 중거리 지대공 유도무기[Medium-range Surface-to-Air Missile]이며, L-SAM은 고고도에서 적의 탄도미사일을 요격하는 장거리 지대공 유도무기[Long-range Surface-to-Air Missile]이다.
2) 한국형 3축 체계는 북한의 핵·미사일 억제·방어를 위한 국방의 핵심 전략으로 북한의 핵심 표적을 신속·정확하게 탐지해 발사 전에 제거하는 '거부적 억제' 개념의 공격 체계인 킬 체인[Kill Chain], 우리 측으로 발사된 미사일을 조기 탐지·요격하고, 피해 최소화를 위해 경보를 전파하는 복합 다층 방어 체계인 한국형 미사일 방어[Korea Air & Missile Defense, KAMD], 북한의 선제 공격 시에 우리 군의 고위력·초정밀 타격 능력 등으로 전쟁 지도부와 핵심 시설을 전략적으로 응징·보복하는 '응징적 억제' 개념의 공격 체계인 대량 응징보복[Korea Massive Punishment & Retaliation, KMPR] 세 가지로 구성되어 있다.

연구소장 임무를 부여받았을 당시 가장 처음 들었던 느낌은 막중한 책임감과 함께 '과연 내가 국방과학연구소의 전통을 잘 이어 갈 수 있을까?'라는 깊은 고민이었습니다. 특히 역대 연구소장들이 쌓아온 경륜의 무게를 저 자신이 감당할 수 있을지에 대한 부담도 적지 않았습니다. 각 군의 첨단 무기 체계를 연구개발하고, 이를 실전 배치가 가능한 수준으로 완성해 내는 연구소의 역할은 곧 국가 안보와 직결되는 일이기에 그 책임감은 더욱 무겁게 다가왔습니다.

연구소장 재임 기간 동안 특히 한국형 3축 체계의 완성도를 더 높이는 데 집중했습니다. 또한 미사일 지침 해제로 국방 우주 분야의 기술적 지평이 열리는 중요한 시기와 맞물려 있었기에 SAR 위성, 초소형 위성 등 혁신 기술 개발에 주력했습니다. 아울러 유·무인 복합 체계, 첨단 엔진 기반 기술, 인공지능의 국방 응용, 레이저 무기, 국방용 반도체 등 차세대 국방 기술 확보를 위한 연구개발에도 집중했습니다. 이는 단순한 기술 개발을 넘어 미래 전장의 판도를 선도할 핵심 역량을 확보하기 위한 기반 구축의 과정이었습니다.

심수연 오랜 기간 국방 분야에 계셨으니 지난 30여 년간 국방과학연구소가 해 왔던 일과 우리의 대내외 환경이 어떻게 변모했는지에 관해 누구보다도 잘 아실 겁니다. 그간 어떤 성과가 있었고, 어떤 변화가 있었는지 말씀해 주실 수 있을까요? 아울러 처음 국방과학연구소에 들어가셨을 때와 지금을 비교해서 설명해 주시면 우리나라의 국방·안보에 관해 이해하는 데 도움이 될 듯합니다.

박종승 33년의 연구소 생활을 돌아보면, 1990년대에는 북한의 미사일 위협이 지금처럼 심각하지 않았습니다. 당시는 김일성 주석과 김영삼 대통령 시절이었는데, 북한의 도발이 빈번하지 않았습니다. 지금 생각해 보면, 2000년대 초반까지 북한은 위협적인 도발을 거의 하지 않았다고 기억합니다. 그 기간에는 중국의 덩샤오핑(鄧小平)이 내세웠던 도광양회(韜光養晦) 전략처럼 도발보다는 내부적으로 실력을 키우는 미사일 연구개발에 노력을 많이 기울였다고 봅니다.

그러나 2010년대 이후로 북한은 핵과 미사일 과학 기술자를 우대했고, 2016년(추정) 국방과학원에서 미사일 분야를 분리해 미사일총국을 설립한 것을 계기로 중거리 탄도미사일^{IRBM}과 대륙간 탄도미사일^{ICBM}, 극초음속 미사일, 순항 미사일, 반항공(지대공) 미사일 등을 개발하고 시험하면서 미사일 기술이 폭발적으로 도약한 듯합니다. 김정은 위원장 집권 이후 북한은 박근혜 대통령 말기부터 문재인 대통령 초기, 그리고 윤석열 대통령 시기까지도 꾸준히 미사일 기술을 발전시키고 고도화하며 대한민국의 안보를 위협하는 상황을 만들었습니다. 물론 이 시기에 대한민국의 미사일 기술 수준도 북한을 압도할 정도로 고도화됐습니다.

2022년에 발발한 러시아-우크라이나 전쟁은 '드론전'이라 불릴 정도로 드론의 활용이 크게 부각됐습니다. 대한민국에도 저비용·고효율 첨단 무기 확보와 공급망 구축 등과 같은 새로운 국방 현안이 생겼습니다. 비단 러시아-우크라이나 전쟁이 준 교훈뿐만 아니라 인구 감소에 따른 병력 유지 문제도 있어서 육·해·공군을 막론하고 인공지능과 유·무인 무기 체계를 적용하는 등의 패러다임 전환에 많은 연구가 필요한 시기가 됐습니다.

그리고 빼놓을 수 없는 국가적 성과 중 하나가 바로 제 소장 재임 때인 2021년 한·미 미사일 지침 폐기입니다. 당시 미국 현지 시각으로 5월 21일에 미국 워싱턴 D. C.에서 열린 한미 정상회담에서 문재인 대통령과 바이든 대통령은 '한·미 미사일 지침'의 완전 폐기를 공식 발표했습니다. 이 발표는 새벽 시간 국내에 전해졌고, 많은 국민과 전문가에게 깊은 감동과 전율을 안겼습니다. 1979년에 체결된 한·미 미사일 지침은 무려 42년 동안 우리의 손발을 묶었던 안보 족쇄였습니다. 그 미사일 지침이 한순간에 폐기됐으니, 기쁨은 이루 말할 수 없었습니다.

미사일 지침의 탄두 중량과 사거리 제한 해제 역사는 국방뿐만 아니라 우주와도 깊은 관련이 있습니다. 미사일 개발과 우주 개발은 그 궤를 같이하기 때문입니다. 지침의 폐기로 우리 기술자들은 '우리도 마음껏 하늘과 우주를 향해 도전할 수 있다.'라는 큰 희망을 품을 수 있었습니다.

미사일 지침 폐기 이후에도 국방 우주 실현에 관여했습니다. 그동안 우리나라 우주 개발은 크게 우주 접근과 위성, 탐사 등의 분야에서 한국항공우주연구원과 천문연구원을 중심으로 발전해 왔습니다. 하지만 미사일 지침 폐기 이후에는 분위기가 달라졌습니다. 예를 들어 이전에는 우주 접근(수송) 분야에서 액체 추진기관을 이용한 우주발사체가 중심이었습니다. 하지만 2021년부터는 고체 추진기관을 이용한 발사체 설계 기술이 비약적으로 발전했습니다. 게다가 국방 우주에 관해 군뿐만 아니라 산업체에서도 관심도가 폭발적으로 높아졌습니다. 때마침 스페이스X가 촉발한 '뉴 스페이스'라는 대외 환경도 시기적으로 맞아서 지금 우리나라의 우주산업 환경으로 거듭날 수 있지 않았나 하는 생각이 듭니다.

    국가 안보 측면에서 보면, 북한의 미사일 위협에 대한 우리의 대응 국방정책인 3축 체계 중에서 미사일과 같은 정밀 타격 능력은 이미 세계적인 수준까지 올라와 있습니다. 현재 우리의 정밀 타격 기술은 역대 정부를 통해 많은 연구개발이 이루어졌으며, 기술도 많이 축적하고 성숙해진 결과입니다. 하지만 평시에 이를 감시하는 정찰 뿐만 아니라 작전 측면에서 먼저 보고 정밀 타격하는 킬 체인 구현에서도 무인기나 위성을 통해 보는 눈, 즉 감시정찰 자산 기술이 부족했습니다.

    그러나 감시정찰 자산을 우리 기술로 확보하는 데는 몇 가지 어려움이 있습니다. 첫째, 위성의 설계를 해외에 의뢰하면 우리의 요구 규격$_\text{system requirement}$을 그 나라에 공개하게 되므로 보안 문제가 걸립니다. 둘째, 군사 감시정찰 위성은 대부분 고도 500~600km 사이 저궤도에 투입하는데, 긴급 상황 발생 시 수일 내로 저궤도에 투입할 수 있는 즉응성(卽應性, responsive capability)도 필요합니다. 이 두 가지 제한 조건 때문에 우리가 설계하고 제작한 위성을 우리 의지대로 저궤도에 투입할 능력이 있어야 합니다.

거듭된 미사일 시험발사 성공과 기술 발전

심수연 앞서 말씀하신 미사일 지침 이야기를 조금 더 해 봐야겠습니다. '한·미 미사일 지침'으로 많이 알려졌지만, 사실 우리 정부가 미사일과 우주발사체 개발을 자율적으로 규제하는 내용을 담은 일방적 정책 선언입니다. 1979년 10월에 우리 정부가 미사일 역량을 '사거리 180km, 탄두 중량 500kg'으로 제한하는 내용을 채택했습니다. 이후 네 차례 개정됐고, 2021년에 완전히 폐지됐습니다. 아마 박 소장님께서 미사일 업무에 매진하시는 동안에도 미사일 지침이 큰 제한으로 작용하지 않았을까 하는 생각이 듭니다. 우선 미사일 지침과 관련해 그간 어떤 일들이 있었는지 알려 주시면 좋겠습니다.

박종승 제 국방과학연구소 생활은 미사일 지침의 개정과 궤를 같이 합니다. 1979년 '백곰'[3] 시험발사 성공 이후에 대한민국의 미사일 개발을 제한하는 지침이 발효됐습니다. 이는 당시 국내의 정치적 상황

---

3) 국방과학연구소가 개발한 대한민국의 첫 국산 단거리 지대지 탄도미사일.

과 맞물려 만들어졌으며, 이후 진보와 보수를 막론하고 모든 정부가 이 지침을 완화하려고 노력해 왔습니다.

미사일 지침의 개정은 대한민국의 미사일 기술 발전에 결정적인 영향을 미쳤습니다. 2012년 개정을 통해 사거리 800km 제한이 풀린 이후에야 대한민국은 북한 전역을 타격할 능력을 확보할 수 있었습니다. 만약 지침 변경이 더 빨리 이루어졌다면, 미사일과 국방 우주기술의 발전은 가속됐을 겁니다.

미사일 지침 변경의 주요 분기점은 세 번 있었습니다. 첫 번째는 2012년 10월 2차 개정으로, 사거리 800km, 탄두 중량 500kg의 미사일 개발이 가능해진 때입니다. 이전까지 우리나라의 주력 미사일은 순항 미사일이었는데, 이는 미사일 지침의 적용을 받지 않았기 때문이었습니다. 하지만 2012년에 사거리 제한이 완화되면서 두 가지 중요한 변화가 있었습니다. 북한 전역을 몇 분 내에 정밀 타격할 능력을 갖췄고, 대한민국의 미사일 기술이 중거리 탄도미사일 수준으로 도약하는 계기를 마련했습니다. 이는 단순한 사거리 증가를 넘어 추진기관과 재진입체가 분리되는 기술적 기반을 확보했다는 점에서 중요한 의미가 있습니다.

현무의 시험발사는 문재인 정부 출범 직후인 2017년 6월 22일에 이루어졌습니다. 이는 기술적으로 매우 도전적인 과제였는데, 기존 단거리 미사일 시험과는 달리 복잡하고 난이도가 높은 개발 과정을 거쳐야 했고, 결국 대한민국 미사일 기술의 새로운 장을 열 수

일자	개요	최대 사거리	탄두 중량
1979년 10월	한·미 미사일 지침 합의	180km	500kg
2001년 1월	1차 개정(김대중 정부)	300km	500kg
2012년 10월	2차 개정(이명박 정부)	800km	500kg
2017년 11월	3차 개정(문재인 정부)	800km	무제한
2020년 7월	4차 개정(문재인 정부)	우주발사체에 대한 고체연료 사용 제한 해제	
2021년 5월 22일	미사일 지침 종료(문재인 정부)	완전 해제	

〈표 2-1〉 한·미 미사일 지침 개정 연혁

있었습니다.

심수연 미사일 지침이 개정될 때마다 개정 사항을 반영한 기술, 성능 개량이 이루어졌을 텐데, 어떤 식으로 진행됐나요?

박종승 미사일 개발은 보통 기술 개발과 체계 개발 사업으로 나누어서 이루어집니다. 핵심 기술의 사전 연구개발은 미사일 지침과 관계없이 얼마든지 할 수 있습니다. 단지 이런 부품을 활용하고 시스템으로 조립해서 통합 체계를 시험하는 과정이 미사일 지침으로 제한되는 겁니다.

'구슬이 서 말이라도 꿰어야 보배'라는 속담이 있지 않습니까? 축적한 핵심 기술과 부품을 모아 조립·통합해서 시험으로 검증하는 전체 과정의 수행은 어려울 뿐만 아니라 중요합니다. 게다가 기술력을 확보해도 실제 형상으로 체계 통합한 미사일은 미사일 지침에 따라 미국에 사전 보고해야 했습니다.

심수연 이런 체계 통합 시험은 대부분 비공개로 이루어지지만, 2017년 6월의 시험발사는 이례적으로 대외에 공개됐습니다. 그때 일들을 말씀해 주실 수 있나요?

박종승 2017년 6월 23일에는 기술적으로 의미 있는 시험을 했습니다. 미사일 기술뿐만 아니라 원해(遠海)에 해상 표적을 설치하고 계측을 수행하는 굉장히 어려운 기술을 동시에 검증했습니다.

조금 다른 이야기지만, 통상적으로 표적지 위치를 설명할 때는 예를 들어 '제주도 남방'이라고 표현합니다. 제주도를 기준으로 남쪽 먼 바다에 해상 표적을 설치한다는 의미입니다.

이때는 어민들의 협조도 필요합니다. 미사일 발사 시험 날에는 위험 방지를 위해 낙하하는 미사일의 표적지 주변 일정 반경 내에서 어민들이 어업 행위를 하지 못하도록 시험 통제를 하는데, 이를 해상 소개(疏開)라고 합니다. 그런데 어민들에게 직접 협조를 구해야 하는 이 일이 정말로 어렵습니다.

물론 이때는 어민들에게 보상해 줍니다. 하지만 보상 금액이 많지는 않아서 일부 어민은 해상 소개에 응하지 않고 어업 행위를 계속하기도 합니다. 표적 활동 등 비행 시험하기 좋은 날이 어업 활동하기 좋은 날이기도 하고, 피해 보상도 어렵다 보니, 오히려 파도가 높거나 비 오는 날 등 해상 날씨가 안 좋을 때가 역설적으로 비행 시험하기에 더 좋은 날입니다. 하지만 그만큼 위험이 따릅니다. 워낙 어려운 시험임을 잘 알기 때문에 도움을 받지 않으면 시도조차 할 수가 없습니다.

제주도 서남방 쪽으로 미사일이 낙하할 지점에 표적 활동을 진행하기 위해서는 제주도청과 서귀포경찰서, 해양경찰서, 해양수산부 어업사업단 등 많은 공공기관과 제주도 선주협회, 어민들에게까지 협조를 구해야 해서 연구원들과 함께 사업 책임자로서 제주도를 방문했던 적이 있습니다. 그때 지금까지도 기억에 남는 일이 있었습니다. 나이가 지긋하신 제주도 선주협회장께서 의외의 말씀을 하셨습니다.

"여러분이 시험하고자 하는 제주도 서남방, 이어도 북방 영역은 소위 말하는 '고깃길'입니다. 이 고깃길이 제주도를 거쳐 동해로 갑니다. 하지만 이 고깃길에서 중국 어선 100여 대 이상이 배를 서로 철선으로 묶고 선단을 이루어 조업하기 때문에 우리는 압도당해 감히 접근하지도 못합니다. 영해라는 선을 긋고 여기부터 우리 바다라고 하는 것이 중요하지 않습니다. 우리 어민들이 고기를 잡으러 갈 수 있는 곳이 바로 우리 영해입니다."

함께 간 국방과학연구소 연구원들은 그 이야기를 듣고 가슴 깊은 곳부터 감동하며 뭉클해졌습니다. 이어도 인근 해역은 중국과의 배타적 경제수역Exclusive Economic Zone, EEZ4) 문제 때문에 분쟁이 있는 곳입니다. 제주도 마라도에서 150km, 중국 서산다오에서 300km 근방에 이어도가 있습니다. 중국 선단이 마음대로 드나드는 제주도 남방과 이어도 북방 60km 지점에 해상 표적을 설치하고 이를 현무 미사일로 타격하는 시험에는 이곳이 우리 영해임을 확인한다는 뜻도 포함하고 있습니다. 중국 어민들의 기세에 눌려 어업 행위를 하지 못했던 우리 영해에 표적을 설치하는 일은 단순한 미사일 시험발사 그 이상의 의미를 지니고 있었습니다.

우리 설명을 들은 제주도 선주협회에서도 적극적으로 도와줬습니다. "국방과학연구소 연구원들도 자주국방의 초석을 놓는다는 마음으로 열심히 일하지만, 제주도의 우리 어민들도 국가를 위하는 마음은 하나라고 생각한다."라고 말씀하셨던 것이 지금도 생생한 기억으로 남아 있습니다.

과거에는 "제주도 서남방 해상으로 발사해 우리나라의 배타적 경제수역 내에 낙하했다."라고 했다가 이 이후로 표적 지점의 위치 표현을 "이어도 북방 60km 지점에 설치한 목표물을 정확히 타격했다."라는 표현으로 바꿨습니다. 이는 북방을 지키는 수호신인 '현무'가 우리 배타적 경제수역의 남쪽 끝인 이어도까지 지킨다는 사실을 국민이 인식하게 만드는 계기가 됐습니다.

2017년 5월 10일 문재인 정부가 출범한 이후, 북한은 연이어 미

---

4) 바다에 인접한 국가가 자국 해안으로부터 200해리(약 370km) 이내의 해역에서 해양 자원의 탐사, 개발, 보존 및 해양 환경 보호 등의 활동에 주권적 권리를 행사할 수 있도록 하는 유엔 해양법 조약이다.

2017년 7월 5일 한·미 연합 탄도미사일 타격 훈련에서 대한민국군 탄도미사일 현무와 주한미군 에이테킴스ATACMS가 동시 발사되고 있다. (출처: 한국 합동참모본부)

사일 도발을 감행했습니다. 그런 비상시국에 문재인 대통령은 국방과학연구소가 시험발사를 한다는 보고를 받고 직접 참관하겠다고 알려왔습니다. 국가안보실에서는 당시 문재인 대통령이 우리 미사일 기술 수준이 북한과 비교해서 어느 정도인지 궁금해 한다고 전해 줬습니다. 당시 미국 순방을 앞두고 있어 주말에 시험발사를 하기 위해 세부 일정을 조율했으나, 결국 기상 문제로 애초 계획했던 6월 22일보다 하루 늦춘 6월 23일로 대통령이 참관하는 시험발사 일정을 확정했습니다.

당시 사업 책임자로서 대통령이 직접 참관하는 시험발사가 상당히 부담스러웠습니다. 정확도를 검증하는 굉장히 어려운 시험을 처음 시도하는 상황이었는데, 대통령이 온다는 연락까지 받았으니 반드시 시험발사를 성공해야 한다는 부담이 클 수밖에 없었습니다. 마침 발사 당일 안흥 시험장 일대에 해무(海霧, 해상에 끼는 안개)가 예보됐는데, 기상 상황으로 헬기가 뜨지 못했으면 하는 바람이 순간적으로 들 정도였습니다.

그러나 헬기는 예정대로 당도했고, 문재인 대통령은 "최근 북한의 미사일 도발이 많이 벌어지는데, 현재 우리의 미사일 기술 수준은 어느 정도입니까?"라고 물었습니다. 미사일 모형을 들고 "지금 북한은 액체연료 기반으로 미사일을 만듭니다. 액체연료는 독성이 있는 물질이라 오래 저장하면 부식 문제가 발생하므로 즉응성이 필요한 군사용으로는 부적합합니다. 우리를 비롯한 서방에서는 보통 군사용 미사일을 고체연료 기반으로 만들어 즉응성이 있지만, 북한은 그렇게 하지 못합니다."라고 설명했던 기억이 납니다.

시험발사와 관련해서는 "북한이 아직 우리 수준을 따라오지는 못하고 있습니다. 물론 북한의 도발에 대해 많은 국민이 우려하고 있는데, 여기서 모두 말씀드리기는 어렵지만, 우리나라는 상당한 수준의 기술력을 보유하고 있습니다. 오늘 대통령님께서 참관하실 이 시험 역시 우리 기술의 중요한 도약을 보여 주는 시험입니다. 사실 대통령님께서 이렇게 오실 줄은 전혀 몰랐습니다. 갑작스럽게 오셔서 솔직히 부담감이 큽니다. 상당히 어려운 시험이고 최초 시험입니다. 표적을 맞추지 못해도 대통령님께서 이해해 주셨으면 합니다."라고 우려 섞인 속내를 털어놓기도 했습니다.

그런데 당시 문재인 대통령은 내기를 하자는 의외의 말씀을 하셨습니다.

"나는 여러분을 믿고, 오늘 시험발사도 잘 되리라 믿습니다. 나는 '성공'에 걸겠습니다."

저는 대통령에게 "제주도에서 어민들 도움을 받아 해상 소개는 다 됐습니다. 준비를 완료하는 대로 바로 발사하겠습니다."라고 보고하고, 긴장된 마음으로 발사 가능 시간을 확인하고 발사 버튼을 눌렀습니다.

심수연 듣기만 해도 굉장히 큰 부담을 느끼셨겠다는 생각이 듭니다. 조금만 일정을 미뤄서 두 번째 시험에 오면 더 좋겠다고 건의해 보실 생각은 없으셨나요?

박종승 그 이야기는 못 했을 듯합니다. 대통령 일정에 취임 후 미국 방문 계획이 있었기 때문에 그 외에는 시간이 별로 없는 것 같았습니다. 그래서 태풍이 예측되는 날씨에도 불구하고 참관 일정을 잡은 듯했습니다.

그래도 기술적인 어려움은 대통령도 이해해 주리라고 생각했습니다. 충남 안흥 시험장에서 장거리 미사일 시험을 하려면 대한민국 방공식별구역Korea Air Defense Identification Zone, KADIZ뿐만 아니라 중국 및 일본 방공식별구역에 영향을 주지 않도록 정상 사격 각도보다 높게 발사해 고도를 높이고 직선 비행거리를 줄여야 합니다. 그 까다로운 조

현무 시험발사 성공 이후 기쁨을 나누고 있는 문재인 대통령과 국방과학연구소 연구원들 (출처: 청와대)

건 속에서 치른 어려운 시험에서 결국 해상 표적을 정확히 직격하는 데 성공했습니다. 그 순간, 시험에 임했던 모든 연구원이 서로 얼싸안고 자축하던 장면이 지금도 생생합니다. 그때 찍은 사진을 다시 보면 '야, 정말 설계한 대로 되는구나!' 하는 자신감이 고취되고, 당시의 감격이 다시금 마음속에 살아납니다. 여러 어려움을 겪은 연구원들을 격려하는 자리에서 "국방과학연구소 연구원들 모두 고생 많았습니다."라는 대통령의 한마디에 사업 책임자로서 울컥했던 기억도 새삼스럽습니다.

미사일 지침을 해제시켜 주십시오!

심수연 제가 몸담은 페리지에어로스페이스도 작년 제주도 해상에서 발사를 준비했는데, 말씀 들으니 해상 소개에서부터 많은 어려움을 겪었던 기억이 떠오릅니다. 예전에는 영상이나 사진으로만 봐서 잘 몰랐는데, 업계에 몸담은 지금은 발사체가 이륙$^{lift-off}$만 해도 기쁠 것 같고, 시험에 성공했을 때 느끼셨을 희열을 이제는 마음속 깊이 공감할 수 있을 것 같습니다. 시험발사를 성공한 다음에는 대통령과 무슨 대화를 나누셨는지요?

박종승 오전에 시험발사를 성공적으로 끝내고 나니 낮 12시가 좀 넘었습니다. 안흥 시험장에서 문재인 대통령과 오찬을 함께하면서 이런저런 이야기를 많이 했습니다. 다른 말은 기억이 안 나는데 사업 책임자로서 건의했던 한마디는 분명히 생각납니다.

"오늘 대통령님께서 직접 보셨듯이 우리의 미사일 기술 수준은 북한보다 상당히 우위에 있습니다. 그런데 우리에게는 족쇄가 너무 많습니다. 미사일 기술 수준은 훌륭한데 결국 미사일 지침 때문에 더 발전하지 못하는 상황입니다. 이 부분을 해결하지 않으면 북한을 압도할 수 없습니다. 대통령님, 미사일 지침을 해제시켜 주십시오."

문재인 대통령은 식사를 마치고 곧바로 헬기를 타고 이동했는데, 그래도 그날이 계기가 돼서 한·미 미사일 지침을 본격적으로 크게 개정할 수 있지 않았나 하는 생각이 듭니다.

심수연 그렇게 2017년 6월 23일에 문재인 대통령이 시험발사를 참관하고, 그 직후인 6월 말에 미국을 방문해서 트럼프 대통령과 한미 정상회담을 했습니다. 그리고 2017년 9월 4일 북한의 6차 핵실험 이후 한미 정상 통화를 통해 북한 도발 대응 방안 모색 차원에서 미사일 지침 중 탑재 중량 제한을 해제하는 데 합의합니다. 뒤이은 실무협의를 거쳐 11월 7일 한미 정상은 대한민국에서 개최한 정상회담에서 미사일 지침의 탄도미사일 탑재 중량 제한을 완전히 해제하는 3차 개정 미사일 지침을 채택했습니다. 그 사이의 과정은 매우 속도감 있게 진행됐습니다.

탄두 중량과 사거리 제한 해제의 의의

심수연 이쯤에서 탑재 중량 해제의 의미에 관해 조금 더 설명해 주시면 좋겠습니다. 2017년 개정 전 미사일 지침에는 최대 사거리를 800km로 규정하면서 사거리를 줄이면 탄두 중량을 늘릴 수 있다는 트레이드 오프 trade-off 방식이 기술(記述)되어 있었습니다.

박종승 언론에서 많이 언급하는 '고위력 탄도미사일'이 바로 당시 미사일 지침 개정 과정에서 탄두 중량 500kg이라는 기술을 영어 한 단어 'Infinity(무제한)'로 바꾼 결과물입니다. 사실 근본적으로는 미사일 지침의 완전 폐기가 목표였지만, 현실적으로 쉽지 않았습니다.

당시 실무자들도 지침 폐기의 어려움을 절감했습니다. 하지만 트럼프 대통령 때 바꿨던 한 단어의 변화가 지금의 고위력 탄도미사일 개발로 이어졌습니다. 이런 변화는 북한에도 큰 영향을 미쳤으며, 결국 우리의 기술 발전을 가로막았던 미사일 지침의 족쇄가 얼마나 큰 저해 요소였는지를 다시금 상기시켰습니다.

심수연 당시 미국은 미사일 지침 변경에 관해 어떤 동기가 있었을까요? 물론 2017년을 돌이켜보면 한반도 정세가 참 위험했습니다. 북한이 탄도미사일만 20여 발을 발사했는데, 그중에는 ICBM인 화성-14형, 화성-15형도 있었고, 매우 도발적으로 일본 본토 상공을 통과하게 발사한 IRBM 화성-12형도 있었습니다. 9월에는 6차 핵실험을 감행했습니다. 핵·미사일 관련 이슈는 아니지만, 연초에 북한의 유력 인사였던 김정남이 말레이시아에서 신경작용제인 VX에 의해 살해당하면서 화학무기 사용 문제가 국제적인 쟁점이 되기도 했습니다.

미국에서는 2017년에 트럼프 대통령이 1기 임기를 시작했습니다. 아시다시피 트럼프의 사고방식은 기존의 워싱턴 문법과 많이 달랐습니다. 이른바 '코피 터트리기$^{Bloody\ Nose}$'라고 해서 제한적으로 북한을 타격하는, 즉 코피를 터트려서 북한을 멈추게 하자는 이야기도 이때 나왔습니다. 동북아에서 중국을 주요 전략적 경쟁자로 규정하며 미·중 무역전쟁으로 이어지는 이슈를 만들었고, 남중국해에서 항행의 자유 작전Freedom of Navigation Operation, FONOP5)을 강행했으며, 한미·한일동맹과 쿼드Quad6) 같은 우방국 간 협력을 강화하기도 했습니다.

한편, 트럼프 행정부가 이전 행정부들과 달랐던 특징은 기존 동맹이나 국제 체제에서 미국이 부담했던 부분을 거부하고 노골적으로 거래적 접근법을 취한다는 점이었습니다. 이렇게 북한의 극심한 도발, 중국의 본격적인 경쟁자 부상, 트럼프의 거래적 마인드 등의 여러 요소가 당시 미국 행정부의 머릿속에 있지 않았나 싶습니다.

박종승 결과적으로 북한의 지속적인 미사일 도발이 한·미 미사일 지침 개정의 결정적 계기가 됐다고 볼 수 있습니다. 2017년 문재인 정부 출범 당시, 외교부와 국가안보실에서는 북한의 도발에 효과적으로 대응할 수단이 부족하다고 판단했습니다. 이에 따라 미사일 지침 개정을 통한 고위력 탄도미사일 확보가 필수라는 결론을 내렸고, 이는 협상의 중요한 동력이 됐습니다.

미국 내에서는 트럼프 대통령을 제외한 국무부와 국방부 실무진의 반대도 컸습니다. 하지만 북한의 위협이 계속되는 상황에서 대한민국의 방위 역량 강화 필요성이 강조됐고, 결국 미사일 지침 3차 개정으로 이어졌습니다.

---

5) 미국이 세계의 주요 해상교통로를 보호한다는 취지로 국제해양법에 근거하지 않은 권한을 주장하는 외국의 해역에 미국 해군의 군함을 보내 통과하는 군사 작전이다.
6) 미국과 미국의 인도-태평양 지역 핵심 동맹국인 일본과 호주, 그리고 일부 안보 사안에서 협력 관계인 인도 등 4개국이 국제 안보를 위해 서로 긴밀하게 협력하며 정기적으로 안보 회담Quadrilateral Security Dialogue을 개최하는 체제를 말한다.

심수연 말씀하신 대로 탄두 중량 제한이 해제되면서 우리는 고위력 탄도미사일을 확보할 수 있었습니다. 앞서 비핵국가에 고위력 탄도미사일이 왜 중요한지에 관해 잠깐 말씀해 주셨는데, 조금 더 자세한 설명 부탁드립니다.

박종승 2017년 미사일 지침 개정으로 탄두 중량 제한이 무제한이 되면서 대한민국은 고위력 탄도미사일을 개발할 수 있게 됐습니다. 이런 미사일은 전 세계적으로도 유례를 찾기 어려운 수준의 무기입니다.

이번 러시아-우크라이나 전쟁을 봐도 탄도미사일을 적극적으로 운용한 국가는 없었습니다. 유럽 국가들은 탄도미사일을 보유하고 있지 않으며, 이스라엘 정도가 주변국 위협에 대응할 목적으로 사거리 300km의 로라[LORA] 미사일을 운용합니다. 미국도 에이테킴스[ATACMS]를 보유하고 있지만, 이는 대한민국의 전술지대지유도무기[Korean Tactical Surface to Surface Missile, KTSSM]와 비슷한 수준입니다.

미국의 국방정책은 기본적으로 항공모함 중심 전략을 기반으로 해서 탄도미사일 전력에 큰 비중을 두지 않습니다. 반면, 러시아와 중국 같은 대륙 국가들은 강력한 탄도미사일 전력을 보유하고 있으며, 특히 중국은 다양한 탄도미사일을 대량으로 운용하고 있습니다. 중국이 대함 탄도미사일[Anti-Ship Ballistic Missile, ASBM]을 보유한 이유도 대만 공격과 미국 태평양 함대의 접근 저지를 위해서입니다. 소위 '접근 거부·지역 거부[Anti-Access/Area Denial, A2/AD]' 전략이라고 하는데, 이를 위해 사거리 2,000km 이상인 준중거리 탄도미사일Medium-range Ballistic Missile, MRBM인 DF-21을 개발했고, 그 이후 사거리를 3,500km로 늘리면서 제2도련선을 만들었습니다.

도련선은 1980년대 중국 인민해방군 해군사령원인 류화칭(劉華淸)이 창시한 개념입니다. 그는 '근해적극방위전략', 약칭 '도련Island Chain전략'을 주창했는데, 그중 제1도련선은 쿠릴 열도에서 시작해 일본, 류큐 열도, 대만섬, 필리핀, 말라카해협에 이르는 중국 본토 근해로 미국 해군의 견제 및 주변 지역에 대한 완충지대 확보가 주요 목적입니다. 제2도련선은 오가사와라 제도부터 괌, 사이판, 파푸아뉴기니 근해까지인데, 서태평양 연안 지대까지 장악하겠다는 의도입니다. 제3도련선은 알류샨 열도, 하와이, 뉴질랜드 일대로 서태평양 전역까지 중국의 제해권을 확장하겠다는 계획입니다. 중국은 A2/AD 전략을 통해 군사력과 외교 전략을 동시에 강화하고 있으며, DF-21과 같은 탄도미사일의 사거리 확장을 통해 이를 구체화하고 있습니다.

러시아는 미국과 중거리 핵전력Intermediate-range Nuclear Forces, INF 조약을 체결하면서 탄도미사일 사거리를 490km 이하로 제한해야 했고, 그 결과 이스칸데르Iskander 미사일을 개발했습니다. 이 미사일은 유럽을 타격할 목적으로 개발했지만, 조약을 준수해야 해서 사거리가 500km를 넘지 않게 설계했습니다. 하지만 미국은 INF 조약 체결 이후 중·단거리 탄도미사일을 개발하거나 실전에 배치하지 않았습니다.

이런 배경 속에서 대한민국은 군사 강국들 중 유일하게 고위력 탄도미사일 기술을 보유한 국가로 자리 잡았으며, 고위력 탄도미사일을 개발할 수 있었습니다. 대한민국이 미사일 강국으로 발돋움할 수 있었던 원동력은 지속적인 미사일 지침 개정 노력과 이를 뒷받침한 국방과학연구소의 부단한 연구개발 덕분입니다. 이런 노력은 자주국방의 초석이 됐고, 현재의 강력한 미사일 전력을 갖추는 데 결정적인 역할을 했습니다.

오늘날 대한민국의 방위산업이 중동과 폴란드 등 해외 시장에서 러브콜을 받는 이유도 이와 같은 미사일 기술력에서 비롯한다고 생각합니다. 누구도 예상하지 못했던 러시아-우크라이나 전쟁이 발발하면서 우리 미사일과 방위산업 기술력은 더욱 주목받고 있습니다.

최근 폴란드에 수출한 '천무' 다연장로켓 시스템도 탄도미사일 기술을 기반으로 개발한 무기입니다. 이는 2017년 북한의 미사일 도발과 핵실험을 계기로 정부가 미사일 지침 개정에 강한 의지를 갖고 추진한 결과라 할 수 있습니다. 특히 탄두 중량의 무제한화는 우리 미사일 기술을 단숨에 세계적 수준으로 끌어올리는 데 토대가 됐고, 오늘날 대한민국 안보를 지탱하는 핵심 역량으로 자리매김했습니다.

나아가 이런 기술적 발전은 대한민국이 세계 방산 시장에서 주목받는 이유가 됐습니다. 이는 마치 트럼프가 대한민국의 조선 유지·보수·운영 Maintenance, Repair, & Operation, MRO 산업을 주목한 것과 같은 흐름이라고 볼 수 있습니다. 대한민국의 미사일과 방위산업 역시 이와 같

〈그림 2-1〉 중국의 해상 팽창 전략 '제3도련선' (출처: 요엘 사노 피치솔루션 글로벌정치리스크 본부장 X(트위터) 계정)

은 방향으로 발전하고 있습니다.

심수연 미사일 지침에는 미사일 사거리와 탄도 중량 외에도 다른 내용이 있었습니다. 바로 고체 추진 우주발사체에 대한 제약입니다. 2020년 7월 28일 3차 개정 때 해결되지 않았던 민간용 우주발사체의 고체연료 사용 제한 문제를 해소하는 4차 개정이 이루어졌습니다. 그 의미에 관해서도 설명해 주시면 좋겠습니다.

박종승 미국, 러시아, 중국, 인도 등 소위 우주 선진국이라 할 수 있는 국가들은 탄도미사일 개발 강국이라는 공통점이 있습니다. 왜냐하면 탄도미사일 기술이 우주발사체로 발전해 나가는 기술과 연계되어 있기 때문입니다. 고체 추진 미사일을 구성하는 고체 추진기관을 기반으로 해서 우주발사체로 얼마든지 기술을 전환할 수 있습니다. 그래서 미사일 지침의 내용을 살펴보면, 미사일에 사용하는 고체 추진기관을 우주발사체에 사용할 수 없도록 금지하고 있었습니다.

이와 반대로, 고체 추진 우주발사체 능력이 있다고 하면 장거리 ICBM도 만들 수 있지 않겠냐고 의심해 볼 수 있습니다. 물론 ICBM과 고체 추진 우주발사체는 분명한 차이가 있습니다. ICBM에는 재진입 기술이 필요합니다. 고체 추진 우주발사체는 위성을 궤도에 정확히 투입하는 기술이 중요합니다. 일본의 사례를 보면, 일본은 액체 추진 대형 발사체인 H2를 만들었지만, 고체 추진 발사체도 개발했습니다. 일본이 굳이 고체 추진 발사체를 만든 이유는 무엇일까요? 일본은 평화헌법 때문에 미사일을 개발할 수 없습니다. 하지만 고체 추진 발사체 기술의 개발은 자유롭게 할 수 있습니다. 그래서 이 기술을 기반으로 소형 고체 추진 발사체인 엡실론을 개발했고, 경제성 있는 소형 위성 및 발사체 분야에서 계속 진화하고 발전하고 있습니다.

우리의 우주발사체 개발은 처음부터 제약이 많았습니다. 미사일 지침 때문에 고체 추진 발사체 개발이 제한되면서, 우리는 오직 액체 추진 발사체에만 집중할 수밖에 없었습니다. 액체와 고체 추진 기술을 병행해 발전시킬 기회를 갖지 못한 만큼, 우리 우주산업의 성장도 자연히 더딜 수밖에 없었습니다.

우리는 미사일 지침을 개정해서 고체 추진 발사체 개발도 허용해 달라고 줄기차게 주장했습니다. 정말 끊임없이 요청했습니다. 하지만 미국이 굉장히 보수적으로 나왔습니다. 전통적으로 비확산 기조가 강했던 국무부가 끝까지 반대했기 때문입니다. 그래도 우리의 집요한 요청과 적절한 협상으로 바꿀 수 있어서 참 다행이라고 여겨집니다. 지금 생각해 보면 트럼프 1기 때 이루어진 개정 덕분에 실질적으로 미사일과 우주발사체 개발 분야에서 족쇄가 풀렸다고 봅니다.

또 다른 측면을 보자면, 대한민국은 지리적 특성상 위성 발사에 불리한 조건을 갖고 있습니다. 예를 들어 고흥 발사장에서 EO/IR 광학 위성을 발사할 때는 필리핀 방향으로 궤적을 설정해야 합니다. 하지만 군사용 전천후 SAR 레이더 위성을 저궤도에 투입하려면 일본 가고시마 방향으로 우회해야 한다는 문제가 있습니다.

우리와 달리 일본은 다네가시마 발사장이나 우치노우라 발사장에서 목표 궤도에 직접 접근할 수 있기 때문에 더 효율적으로 위성을 발사할 수 있습니다. 이에 비하면 고흥 발사장은 지리적 제약 때문에 같은 로켓 성능이어도 더 가벼운 위성만 발사할 수 있으며, 같은 중량의 위성을 발사하려면 더 강한 추진력이 필요하다는 단점이 있습니다. 결과적으로 1단 추진기관의 에너지 손실이 발생하므로 일본보다 불리한 조건에서 발사를 수행해야 합니다.

이런 문제를 해결하려면 해상 바지선을 활용한 모바일 발사^{mobile launch}를 고려할 필요가 있고, 발사 시에 더 강한 초기 이륙 추력도 제공해야 합니다. 그런데 이륙 시에 더 강한 추력을 발생시키려 할 때는 액체 추진 발사체에 고체 추진 부스터를 활용한 '액체-고체 복합형'으로 로켓을 설계하는 사례가 훨씬 많습니다. 그간 미사일 지침 때문에 이런 효율적인 발사체 개발이 어려웠지만, 이제 제약이 해제된 만큼 대한민국이 우주발사체 개발에서 무한한 가능성을 열어갈 것이라고 판단합니다.

미사일 지침의 완전 폐지

심수연 2021년 5월 한미 정상회담 때 외교부 소속으로 출장을 갔습니다. 그때는 한창 코로나19가 기승을 부리고 있어서 대표단 규모도 축소했고, 출장자들이 미국 입국을 위해 코로나19 예방주사를 의무적으로 맞았던 기억도 납니다. 그런데 그 정상회담에서 굉장히 중요한 성과가 있었습니다. 미사일 지침이 완전히 폐지됐습니다.

박종승 40년 동안 우리의 우주기술 개발에 큰 족쇄가 됐던 한·미 미사일 지침이 폐지되던 순간은 저 역시 지금도 생생하게 기억납니다. 협상을 담당했던 인사가 전날 저녁에 "한국 시간으로 새벽 5시 30분쯤 좋은 소식이 있을 것"이라고만 전했을 뿐, 구체적인 내용은 밝

히지 않았습니다. 그래서 결국 그날 밤에 거의 뜬눈으로 지새우며 기다렸습니다. 그리고 새벽 5시 30분, 문재인 대통령과 바이든 대통령의 공동 기자회견에서 "기쁜 마음으로 미사일 지침이 폐지됐음을 발표합니다."라는 성명이 나왔습니다. '우리 선배 연구원들이 이 순간을 봤다면 얼마나 기뻐했을까?', '이제야 마음껏 개발할 수 있겠구나!', 정말 수많은 생각이 스쳐 지나갔습니다.

그날 아침, 관련 부서의 연구원들은 환호와 박수로 그 순간을 함께 축하했습니다. 마침내 우리 기술력으로 우주 선진국들과 어깨를 나란히 할 기회를 얻었다는 사실에 그날의 기쁨과 감격은 지금도 잊을 수 없습니다. 이후 대한민국은 누리호와 고체 추진 우주발사체 발사에 잇달아 성공하며 뉴 스페이스 시대를 향한 우주산업 발전의 든든한 토대를 쌓아 가기 시작했습니다. 지금도 그날을 떠올리면 감동이 밀려옵니다.

문재인 대통령도 이 지침 해제가 주는 의미를 잘 알았습니다. 백악관에서 열린 공동 기자회견 때 대통령은 "오늘 우리는 한·미 미사일 지침의 종료를 선언합니다. 이로써 대한민국은 자주국방과 우주개발의 새로운 시대를 맞이하게 됐습니다. 그동안 한·미 미사일 지침은 우리의 미사일 사거리와 탄두 중량, 우주발사체 개발에 제약을 줬지만, 이제 모든 족쇄가 풀렸습니다. 대한민국의 안보 역량과 우주 경쟁력은 앞으로 크게 도약할 것입니다."라고 그 의미를 설명하기도 했습니다.

심수연 이 미사일 지침 폐지로 우리나라가 스스로 제한을 두지 않고, 그리고 액체냐 고체냐를 따지지 않고 다양한 방식으로 마음껏 우주로 갈 수 있는 길이 열렸습니다. 박 소장님께 미사일 지침 폐지는 어떤 의미였는지 궁금합니다.

박종승 미사일 지침 폐지가 가져온 첫 번째 변화는 미사일 및 고체 추진 우주발사체 개발의 제한이 사라졌다는 점입니다. 과거에는 미사일 지침 때문에 연구개발 자체에 제약이 많았습니다. 개발이 가능해도 지침 범위 내에서만 진행할 수 있었고, 예산 확보에도 어려움이 있었습니다. 하지만 이 이후로는 자유로운 연구와 개발이 가능해졌습니다.

두 번째로 효율적인 발사체 설계가 가능해졌다는 점입니다. 과거에는 액체 추진 엔진에 고체연료 부스터를 결합한 발사체 개발이 불가능했지만, 이 이후로는 다른 여러 우주 선진국처럼 액체 추진 발사체와 고체 추진 발사체를 함께 사용하는 복합형 방식을 활용할 수 있게 됐습니다. 이는 대한민국이 우주발사체 연구개발을 자유롭게 할 수 있는 새로운 가능성을 열어 줬습니다.

세 번째로 자주국방을 위한 미사일 개발이 우주산업 발전으로 이어질 수 있다는 점입니다. 국가 안보 차원에서 개발한 미사일 기술을 축적하고, 이를 민간으로 이전해 우주발사체 개발로 확장할 수 있는 계기가 마련됐습니다. 이제 대한민국은 미사일 강국을 넘어 우주 강국으로 향할 수 있게 됐습니다.

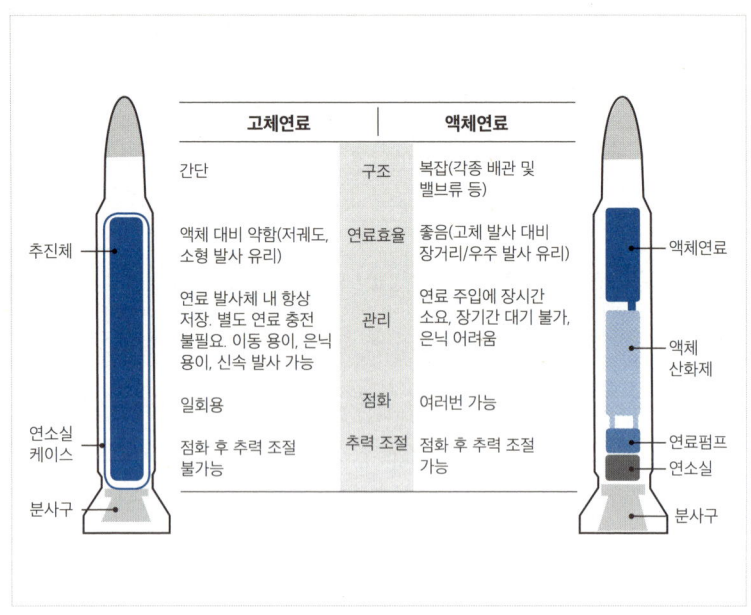

〈그림 2-2〉 우주발사체의 고체연료와 액체연료 차이점 (출처: 연합뉴스)

　이는 향후 민간 주도의 우주산업 성장에도 긍정적인 영향을 미칠 겁니다. 이 점에 관해서는 우주산업이 민간 주도로 발전한 일본의 사례를 참고할 만합니다. 일본은 과거 고체 추진 발사체를 개발하는 우주과학연구소[ISAS]와 액체 추진 발사체를 개발하는 일본 우주개발사업단[NASDA]을 각각 독립적으로 운영했습니다. 하지만 이 두 기관을 통합해 JAXA를 설립하면서 고체 및 액체 발사체 기술을 한 기관에서 종합적으로 발전시키는 체계를 구축했습니다. 대한민국도 우주발사체 개발을 체계적으로 발전시키려면, 민·군 기술을 융합하고 산업 전반을 아우를 수 있도록 조직 개편을 고려할 필요가 있습니다.

북한보다 앞선 기술, 이제 정보의 눈이 필요하다

고체 발사체 시험발사 성공의 전략적 의미

심수연 이제는 고체 발사체 시험발사 이야기를 해 보겠습니다. 시험발사 중에 발사체에서 나오는 섬광이 대한민국 전역에서 목격되는 바람에 온 국민이 발사 사실을 다 알게 됐던 에피소드도 있었고, 'UFO설'이 등장하기도 했습니다. 또한 마지막 시험에서는 소위 '납작-Sat'이라 불리는 납작한 모양의 SAR 위성이 궤도에 진입하는 데 성공하기도 했습니다.

박종승 우리가 처음 고체 발사체를 발사했던 때는 미사일 지침이 폐지되고 난 뒤인 2022년 12월로 기억합니다. 당시 언론은 '하늘에서

국방부가 공개한 2022년 12월 30일의 고체연료 추진 우주발사체 시험비행 장면 (출처: 국방부 제공 영상화면 캡쳐)

무지개 색 섬광을 봤다.'라는 보도를 많이 했습니다. 왜냐하면 당시에는 솔직히 국민에게 공개할 수 있는 사항이 아니었습니다. 원래는 12월 중순으로 시험발사를 계획했는데, 어민들의 해상 소개가 워낙 힘들었습니다. 제 기억으로는 군산 앞바다에서 발사를 진행하려고 했지만, 홍어가 한창인 때라 홍어 잡이 배가 상당히 많아지는 바람에 해상 소개가 잘 안 돼서 철수할 수밖에 없었습니다.

게다가 12월이 되면 바다 환경이 바뀌어 파고가 높아집니다. 우리나라 기후에서 가장 발사 환경이 나쁠 때가 11월부터 2월 사이입니다. 그래도 우리는 해를 넘기기 전에 시험발사를 한 번 해야 했습니다. 마음이 급해질 수밖에 없었습니다. 결국 우리는 안전상의 이유로 서해 먼 바다에서 해상 발사를 진행했습니다.

하늘로 올라가는 모습은 우리가 인지하지 못했습니다. 왜냐하면 우리는 육안이 아니라 데이터로 모니터링을 하고 있었기 때문입니다. 그 와중에 연구소 직원 한 명이 갑자기 전화를 받았는데, 하늘에 무지개 색 섬광이 보인다는 연락이 여러 곳에서 온다고 전했습니다. 우리가 전혀 예측하지 못했던 상황이었습니다. 하여튼 그로부터 약 1시간 반 동안 많은 데서 전화가 왔고, 곳곳에서 '야, 이거 큰일 났다. 이거!', '야, 이거 뭐야?' 하며 난리가 나서 정신이 하나도 없었습니다. 결국 국방부가 긴급하게 대응해서 언론에도 발표하고 9시 뉴스에도 방송됐던 기억이 납니다. 나중에 스크랩한 사진들을 보니, 서울 세종문화회관 앞에서 열린 연말 연등 관련 축제에서 찍은 사진, 울릉도에서 찍은 사진 등 여러 군데에서 사진이 찍혔고, 하늘에서 무지개 색 섬광을 보고 깜짝 놀랐다는 말도 많았습니다.

추운 겨울 바다에서 연구원들이 묵묵히 점검을 마치고 결국 발사에 성공했지만, 그에 대한 칭찬보다는 정작 아무 말 없이 발사했다는 이유로 비난을 받는 일도 있었습니다. 그 과정에서 서운함을 느낀 연구원도 많았습니다. 하지만 우리에게는 기술 발전 측면에서 하나의 획을 그은 발사였습니다. 그날 '야, 이게 되는구나!'라는 자신감을 얻어서 기분이 상당히 좋았던 기억이 있습니다.

그 시험발사로부터 1년이 지난 2023년 12월 초, 우리는 조금 더 성능을 확장한 발사체의 시험발사에 나섰습니다. 이때는 2단을 제외하고 1단, 3단, 4단만으로 구성한 로켓을 사용해 시험을 진행했습

❶ 2022년 12월 30일 오후 서울 옥수동에서 포착된 고체 추진 우주발사체
❷ 강원도 속초에서 관측된 우주발사체 시험비행 장면 (출처: 연합뉴스)

니다. 애초에는 실제 위성 대신 더미 웨이트$^{dummy\ weight}$를 탑재하자는 의견도 있었습니다. 로켓 자체의 성능 검증이 주된 목적이었기에 위성 탑재에는 큰 의미를 두지 않았던 겁니다.

그런데 발사하기 약 8개월 전쯤에 한화시스템이 국방과학연구소의 미래도전 연구과제를 통해 한국항공대학교 연구진과 함께 위성을 제작하고 있다는 소식을 들었습니다. 그 위성을 스페이스X에 30~40억 원을 지불하고 발사할 예정이라는 이야기를 듣고, 차라리 국방과학연구소에서 시험발사를 준비 중인 고체연료 발사체를 활용해 발사하자고 제안했습니다.

어렵고 도전적인 과제를 수행해야 연구원들이 집중해서 단기간에 실력을 끌어올릴 수 있다고 늘 믿어 왔습니다. 처음부터 더미를

2023년 12월 4일 오후 제주 서귀포시 예래동 앞바다에서 군 주도로 진행된 고체연료 우주발사체 시험발사 장면 (출처: 연합뉴스)

달면, 이후 실제 위성을 탑재했을 때 검증 과정이 다시 길어질 수밖에 없습니다. 결국 이런 중요한 선택을 할 수 있는 기술적 판단이 무엇보다도 중요하다고 생각합니다.

　발사체를 어디서 발사할지도 큰 고민이었습니다. 결국 제주도 서남방 해역에서 바지선을 이용해 고체연료 발사체를 쏘아 올리기로 결정했습니다. 직접 제주도 중문에 방문해 현장을 확인했고, 그 과정에 한화시스템이 적극적으로 협조했습니다. 특히 제주도지사와 관련 공무원들, 인근 주민들의 많은 도움으로 발사 준비를 원활히 진행할 수 있었습니다.

　고흥에 발사장이 있기는 하지만, 제주도에서 소형 발사체를 발사해 보는 시도 역시 매우 중요했습니다. 우리도 중국처럼 우주 발사 인프라를 여러 지역에 분산해 운영할 필요성이 있기 때문입니다. 이 해상 발사의 성공을 통해 '제주도에서도 발사가 가능하다!'라는 확신을 얻었습니다.

이런 성공은 다른 민간기업에도 중요한 영향을 미쳤습니다. 예를 들어 페리지에어로스페이스도 제주도에서의 발사 성공 사례를 바탕으로 해상 발사 시도의 근거를 마련할 수 있었습니다. 이런 사례를 우리가 다각도로 분석하고, 전략적으로 재정리해 볼 필요가 있다고 생각합니다.

심수연 그때 일은 생생하게 기억납니다. 주미 한국대사관에 근무할 당시 미국 국무부와 시험발사와 관련해 소통하기도 했습니다.

SAR 위성 발사체를 스페이스X의 발사체에서 고체 발사체로 변경한 일도 사실 쉬운 결정은 아니었다고 생각합니다. 위성 자체를 제작하는 돈과 자원을 고려하면 이미 검증된 외국 발사체에 30~40억을 쓰는 편이 아직 궤도 투입 '헤리티지'가 없는 개발 중인 발사체를 쓰는 편보다 더 낫다고 생각할 수도 있기 때문입니다. 우주산업에서 리스크를 지는 일은 숙명이나 다름없지만, 여전히 용기와 결단이 필요하다는 점을 다시금 생각하게 됩니다.

고체연료 우주발사체의 시험발사는 여러 차례 성공했습니다. 그렇다면 전략적 측면에서 볼 때, 대한민국의 우주 국방, 우주산업에서 고체 발사체는 어떤 의미가 있을까요?

박종승 우주를 안보 인프라 관점에서 바라볼 때, 크게 네 가지로 분류할 수 있습니다. 우주 정보 지원, 우주 영역 인식, 우주 전력 투사, 우주 통제입니다. 그중 '우주 정보 지원'은 곧 감시정찰 능력을 의미하며, EO/IR 광학 위성과 SAR 위성의 확보는 재방문 주기를 단축해서 3축 체계의 작전 완성도를 크게 높이는 핵심 요소입니다.

러시아-우크라이나 전쟁은 이런 감시정찰과 위성통신의 전략적 중요성을 다시 한번 확인해 준 사례입니다. 전쟁 초반 러시아의 미사일 공격으로 우크라이나 지상 통신망이 무력화됐을 때, 스타링크 위성통신은 유일한 작전통신 수단이었습니다. 이 경험은 '위성통신망이 차단되면 전쟁도 수행할 수 없다.'라는 중요한 교훈을 줬습니다. 실제로 푸틴이 트럼프에게 스타링크 제공을 중단해 달라고 요청했던 사실은 위성 기반 정보 체계가 현대전의 핵심이 됐음을 시사하는 부분입니다. 하지만 우리나라는 이런 핵심 인프라가 아직 충분히 갖춰지지 않았습니다.

이런 인프라를 완비한다면 어떤 작전이 가능해질까요? 오바마 대통령 때 벌어졌던 오사마 빈 라덴 제거 작전이 대표적인 사례입니다. 당시 미군은 파키스탄 상공에 드론을 띄우고, 미국 서부 작전기지에서 이를 원격 조종했으며, 오바마 대통령은 백악관 지하 상황실에서 실시간 영상 정보를 보며 작전을 지휘했습니다. 이 모두가 감시정찰 위성과 실시간 위성통신망 덕분에 가능했습니다. 북한의 핵 위협을 억지하기 위해서라도 대한민국 역시 위성 기반 정보·통신 능력

북한의 ICBM 화성 17형 발사 모습 (출처: 연합뉴스)

을 반드시 확보해야 합니다.

사실 '국방 우주'에는 별도의 분야가 있지 않습니다. 우주의 활용도가 국방을 향하면 국방 우주, 민간을 향하면 민간 우주가 되는 식입니다. 따라서 국가 연구개발과 국방 연구개발을 유기적으로 연계하고, 투자와 기술 개발이 함께 이루어져야 실효적인 우주 역량을 확보할 수 있습니다.

마지막으로 우주 영역 인식 역시 중요한 요소입니다. 현재 공군 우주작전부대와 천문연구원이 협력해 우주 낙하물 경보 시스템을 운영하고 있습니다. 하지만 아직 초기 단계에 불과합니다. 우주 영역 인식은 궁극적으로 우주 통제를 실현하기 위한 전제 조건이며, 이를 위해서는 전천후 감시가 가능한 광학 및 레이더 기반의 감시 체계 구축이 필요합니다.

과거 북한은 국방과학원이라는 조직을 운영했습니다. 조선로동당 중앙위원회 군수공업부 산하 연구소로 북한 미사일 개발의 핵심 기관이었습니다. 그런데 2023년 들어 북한이 미사일총국을 만들었다는 사실이 확인됐습니다. 2023년 7월 12일에 진행된 화성-18형 시험발사 보도에서 'General Missile Bureau'로 표기했는데, 당시 공개된 상장기에는 설립연도가 2016년으로 되어 있었습니다. 미사일총국장에는 국방과학원에서 미사일 개발을 총괄했던 장창하가 임명됐습니다. 2023년 9월에 열린 최고인민회의 제14기 제9차 회의에서는 국가항공우주기술총국NATA도 만들었습니다. 기존의 국가우주개발국을 승격시킨 조직입니다.

그리고 최근 2~3년 동안 북한의 미사일이 액체에서 고체로 완전히 전환됐고 비약적으로 발전했습니다. 김정은은 '핵, 미사일, 우주' 이 세 가지를 빠르게 발전시키고 있습니다. 최근 3년을 회상해 보면, 남북은 확실히 우주 경쟁에 들어갔습니다. 5~6년 전에는 미사일 경쟁에서 우리가 우위에 있었습니다. 하지만 북한은 미사일총국을 분리한 이후 거의 고체 발사체의 정점에 서서 콜드 런칭cold launching[7] ICBM까지 만드는 등 기술을 비약적으로 발전시켰습니다. 물론 대기권 재진입 기술까지 갖췄는지는 아직 명확하지 않습니다.

---

[7] 발사체를 공중에 튀어 오르게 한 이후 공중에서 연료를 점화해 발사하는 방식.

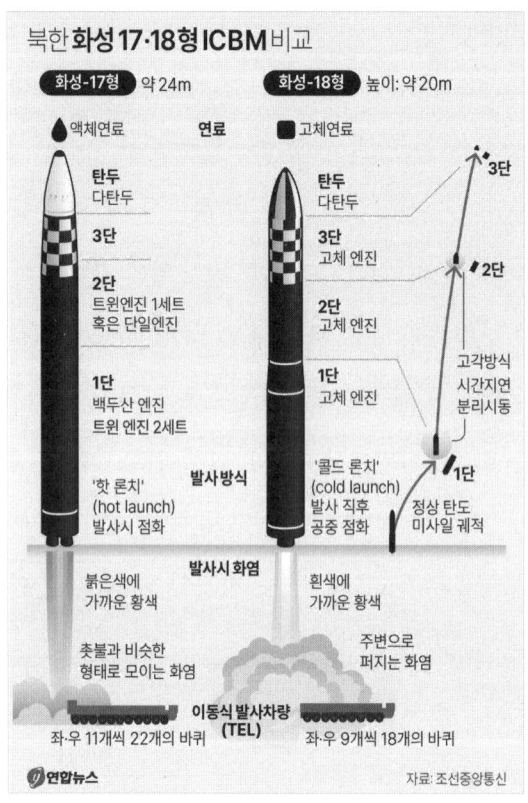

〈그림 2-3〉 북한의 ICBM 화성-17형과 화성-18형의 구조 비교 (출처: 연합뉴스)

그리고 이번 러시아-우크라이나 전쟁을 통해 북한과 러시아의 우주 관련 협력이 한층 더 강화될 것으로 보입니다. 김정은과 푸틴은 러시아 보스토치니 우주기지에서 최신 로켓 '앙가라'의 조립동과 '소유스-2' 우주로켓 발사 시설 등을 함께 둘러봤습니다. 그 자리에서 푸틴은 북한의 위성 개발을 돕겠다고 공개적으로 밝히기도 했습니다.

그동안 북한은 ICBM인 화성-17형과 화성-18형을 만들 때 비대칭 다이메틸-하이드라진^{UDMH}이라는 액체연료를 썼습니다. 이 연료는 상온에서 보관할 수는 있지만, 거의 6개월 안에 사용해야 한다고 알려져 있습니다. 그러지 않으면 연료에 독성 물질이 포함되어 있어 보관 탱크가 부식되기 때문입니다. 그래서 군사용으로 사용할 때는 항상 일정 기간마다 교체해야 합니다.

얼마 전에 북한에서 우리가 쓰는 연료와 동일한 액체 산소$^{Liquid\ Oxygen,\ LOX}$와 등유^{Kerosene} 연료로 교체했다는 소식을 접했습니다. 연료를 어떻게 순식간에 바꿀 수 있었을까 하는 의문이 들었습니다. 이는 러시아의 도움 없이는 불가능했다고 봅니다. 북한은 이제 자기들의 위성을 확보하는 데 많은 노력을 기울일 것으로 예상됩니다.

앞으로 잠시 돌아가서, 북한이 2023년 9월에 국가항공우주기술총국을 만들었는데, 이는 무엇을 위한 포석일까요? 북한도 대한민국과의 우주 경쟁에 박차를 가하려는 의도로 보입니다. 그렇다면 우리도 남북한 우주 경쟁에서 계속 우위를 점하기 위해 조금 더 역량을 기울여야 하지 않겠습니까? 북한은 러시아로부터 위성 관련 기술을 빠르게 도입할 것으로 보입니다. 지금은 우리가 감시정찰 위성에서 우위를 점하고 있습니다. 북한은 2024년 5월 27일 정찰 위성인 만리경 1-1호를 발사했지만, 실패했습니다. 신형 위성 운반 로켓에 탑재해 발사했지만, 1단 비행 중인 발사 2분 만에 공중에서 폭발했습니다. 하지만 이것이 시작이라고 봅니다. 러시아의 기술을 이전받아서 본격적으로 궤도에 위성을 어느 정도 올리고 나면, 2단계로 대한민국의 위성을 마비시키는 전략으로 갈 공산이 큽니다. 그랬을 때, 과연 우리는 그에 대한 대비가 되어 있는지 고민해 봐야 할 시점입니다. 그리고 이에 대응하려면 지금보다 더 관련 연구개발에 집중해야 합니다.

또한 고체 추진 발사체도 하루속히 확보해야 합니다. 500~600km 고도에 위성을 투입할 수 있는 고체 추진 발사체 기술은 국방과학연구소에서 거의 완성 단계에 이르렀습니다. 이제 액체연료와 고체연료 부스터를 결합한 발사체를 통해 1.5톤 규모까지 확대해 나가야 합니다. 유럽의 VEGA-C[8]와 같은 기술력을 빨리 확보해야 합니다. 군사적 필요성을 고려했을 때, 고체 발사체의 전략적 육성은 매우 중요합니다. 다른 대안이 없기 때문입니다. 물론 고체 발사체는 이른 시일 안에 민간으로 기술을 이전해서 민간기업을 중심으로 비즈니스 모델을 갖춰야 합니다. 또한 민간에서 재사용 액체 발사체 기술을 확보하면 중소형 발사체 분야는 고체 발사체 기술과 재사용 액체 발사체 기술 두 가지 영역에서 우리가 세계적 수준을 충분히 따라잡을 수 있다고 생각합니다. 대형 쪽은 차세대 발사체로 갈 텐데, 국가적으로 봤을 때는 시간이 더 필요할 듯합니다.

심수연 고체 발사체는 액체 발사체보다 즉응성과 은닉성 등의 측면

---

8) 유럽의 4단형 우주발사체로 1~3단은 고체 추진제, 4단은 액체 추진제로 구성된 액체-고체 복합형 발사체다.

에서 장점이 있어 안보 수요에 따른 긴급 대응 발사responsive launch에도 뚜렷한 강점이 있습니다. 발사체 이야기를 조금 더 하자면, 대한민국 우주항공청이 2024년 5월에 개청하면서 수송 전략을 통해 10년 내 1kg 당 1,000달러의 발사 비용을 목표로 제시했습니다. 글로벌 경쟁력을 위해서는 당연한 목표입니다. 왜냐하면 다른 나라들은 달성할 수 있어 보이기 때문입니다. 다만, 마음속으로는 '와, 이거 정말 할 수 있을까?'라는 생각이 듭니다. 박 소장님께서는 정말 할 수 있다고 보시는지, 혹은 어떤 부분에서 수송 비용을 낮출 수 있다고 보시는지요?

박종승 사실 매우 도전적인 목표입니다. 처음 누리호를 개발할 때도 로켓 성능을 검증하기 위한 시험용 발사체로 시작했다가 이후 개발을 거듭해서 지금 단계에 이르렀습니다. 다만, 우리가 과연 위성 중량에 따른 발사 비용을 kg 당 얼마라고 정확히 산정할 수 있을 만큼의 기술적 역량과 경험을 갖췄는지에 관해서는 아직 판단을 유보하고 싶습니다.

물론 최근 우주항공청이 제시한 도전적인 목표들이 실제로 실현 가능한지에 관해서는 다양한 의견이 있을 수 있습니다. 하지만 중요한 점은 명확한 목표를 설정하고, 이를 달성하기 위해 국가적 역량을 결집하는 그 과정 자체가 매우 의미 있는 일이라는 사실입니다.

우리만의 발사 전략과 플랫폼 포트폴리오 구성

심수연 우주발사체 부문에서는 재사용이 또 하나의 중요한 키워드입니다. 펠컨-9이 최초로 역추진하던 광경이 처음에는 정말 놀라웠지만, 지금은 모두가 너무나 당연하게 생각합니다. 스페이스X에서 개발 중인 다목적 초대형 우주발사체 스타십Starship의 1단 부스터를 메카질라Mechazilla9)로 잡는 모습을 처음 봤을 때도 정말 기가 막혔습니다. '어떻게 이렇게 생각하는 대로, 하고 싶은 대로 다 할까?' 그런데 이제는 그것도 몇 번 반복하니까 사람들이 당연하게 생각합니다. 사실 전혀 당연한 일이 아닌데도 말입니다. 어쨌든 시도와 성공을 실시간을 지켜보면서 우리도 재사용에 관한 다양한 의견이 생겨났습니다.

차세대 발사체를 재사용 발사체로 변경하는 데도 설왕설래가 있습니다. 이제 우리가 어떤 재사용 전략을 가져가야 할지, 그냥 스페이스X의 발자취를 좇는 방법이 옳은지, 우리가 새롭게 갈 길은 없는지 고민할 시점입니다. 차라리 소모성으로 쏘는 방식이 혹시 비용 측면에서 우리한테 더 맞는 방법이 아닌지 모르겠습니다.

박종승 최근 차세대 발사체 개발 논의가 본격화되면서 재사용 발사체에 관한 관심도 함께 높아졌습니다. 일반적으로 재사용 발사체를

---

9) 스페이스X의 스타십 1단을 공중에서 젓가락처럼 생긴 로봇팔로 잡아내는 시스템.

'젓가락 팔' 모양의 메카질라가 스타십의 1단 부스터를 성공적으로 포착하는 장면 (출처: 연합뉴스)

　제대로 운용하려면 일정 규모 이상의 발사체 크기와 충분한 추진기관 성능이 전제돼야 합니다. 그래야만 제작 비용 대비 투입 위성 중량 등에서 발사 경쟁력을 확보할 수 있기 때문입니다.

　재사용 발사체의 핵심은 궤도에 대형 위성 또는 다수의 소형 위성을 올린 후에도 1단 부스터를 회수해 재사용할 수 있어야 한다는 점입니다. 이를 통해 발사 단가를 낮추는 경제성을 실현해야 합니다. 대표적인 사례가 스페이스X입니다. 팰컨-9은 수 톤에 달하는 대형 위성이나 수백 kg 규모의 소형 위성 다수를 저궤도에 성공적으로 투입한 후, 1단 부스터를 자율 착륙 방식으로 회수함으로써 재사용에 성공했습니다. 이 시스템은 위성 1kg 당 발사 비용을 획기적으로 절감하는 전략으로 평가받았으며, 결국 대형 발사체를 통해 재사용의 효율성을 확보한 구조입니다.

　결국 재사용 발사체는 단순한 기술 요소를 넘어 추진력, 구조 설계, 연료 효율성 등 복합적 요소가 뒷받침해야만 가능한 고난도 기술 체계라 할 수 있습니다. 그런데 고도 500km에 500kg급 소형 위성이나 150~200kg급 위성 다수를 발사하는 상황에서 과연 재사용 발사체가 꼭 필요할까요? 대형 위성이라면 재사용 발사체가 경제성 확보 측면에서 분명히 의미가 있다고 생각합니다. 하지만 소형 위성이라면 오히려 다른 방식의 접근이 더 적절할 수도 있다고 판단합니다.

　소형 발사체는 굳이 재사용 시스템을 적용하기보다는 최대한 발사체를 단순화하고 저비용 구조로 설계하는 방법이 더 효율적일 수 있습니다. 예를 들어 추진계에 사용하는 재료를 기존 금속에서 복합재로 바꾸거나, 부품을 통합 설계해 개수를 줄이거나, 3D 프린팅 등 첨단 제조 기술을 활용해 원가를 절감하는 방식이 더 유리할 수 있습니다. 비유하자면, 소형 발사체는 일종의 '미사일처럼 단순하게 쏘는 방식'이 오히려 더 현실적일 수 있다는 이야기입니다. 일정 수준의 반복 생산과 발사 주기를 확보한다면, 일회용이라도 충분한 비용 경쟁력을 갖출 수 있을 겁니다.

　일론 머스크가 재사용 발사체를 성공시켰다고 해서 모든 발사체를 재사용 방식으로 개발하는 방향이 반드시 옳다고 보기는 어렵습니다. 재사용은 일정 규모 이상의 대형 발사체에 적합한 전략입니다. 소형 발사체는 오히려 부품을 단순화하고 저비용으로 제작해 일회성으로 운용하는 방향이 더 효율적일 수 있습니다.

그러나 국내에서는 아직 이런 전략적 구분에 관한 논의나 인식이 충분히 성숙하지 않은 듯해 아쉬움이 있습니다. 앞서 스페이스X의 사례를 보면, 정말 창의적으로 접근하고 있음을 실감하게 됩니다. 예를 들어 스타십을 마치 젓가락처럼 생긴 발사대 구조물로 포착해 회수하는 방식은 굉장히 혁신적이고 놀라운 시도였습니다. 2024년 봄에 팰컨-9의 발사 및 1단 귀환 장면을 직접 참관했는데, 무의식중에 손뼉을 쳤을 만큼 인상 깊은 경험이었습니다. 그와 동시에 깊은 생각이 들었습니다. '우리는 과연 이런 방식이 필요한가? 남들이 하니까 따라가는 전략이 과연 옳은가?'

스페이스X처럼 팰컨-9급 이상의 대형 로켓을 만들어 재사용하는 체계는 민간의 상업용 발사 수요가 지속적이고 규모가 클 때 비로소 경제성과 기술적 타당성을 확보할 수 있습니다. 우리나라 역시 국가 안보, 통신, 감시정찰 등 필요에 따라 사용할 일정 규모 이상의 위성 수요는 분명히 존재합니다. 하지만 전체적인 발사 수요와 시장 구조를 고려할 때, 우리가 나아가야 할 방향은 먼저 대형과 소형 발사체를 전략적으로 구분하는 일입니다. 소형은 값싸고 반복 가능한 방식으로, 대형은 선택적으로 재사용을 고려하는 방식으로 각각 나아가는 유연한 전략이 필요하다고 생각합니다.

해외에 맡길 수 없는 감시정찰 자산을 발사해야 할 때를 대비해서 우리는 반드시 필요한 시점에 스스로 발사할 능력을 갖추고 있어야 합니다. 하지만 현실적으로는 발사장 사용 가능 시간이나 발사체의 준비 상황 등이 여의치 않아서 제때 발사하지 못할 위험도 존재합니다.

'우주에도 틈새가 있다.'라고 표현할 수 있을 정도로 시의적절한 발사 타이밍의 확보는 그 자체만으로도 국가 전략의 중요한 요소가 됩니다. 이 점을 고려하면 단지 발사체 기술의 확보만으로는 부족합니다. 이제는 우리만의 발사 전략과 플랫폼 포트폴리오 구성에 관한 진지한 고민이 필요합니다. 즉, 대형·중형·소형 발사체를 어떤 비율과 역할로 구성해 발전시킬지에 관한 국가적 방향을 설정해야 합니다. 대형 발사체는 재사용 기반으로 해서 대규모 군집위성 발사나 유인 탐사 등 전략적 미션용으로, 중형은 감시정찰 자산이나 정기적인 민간 수요 대응용으로, 소형은 저비용, 고빈도, 응급 상황 대응용으로 각각 분류해서 역할 기반의 다층적 발사체 운영 체계를 마련해야 할 시점입니다.

그리고 앞서 잠시 말했지만, 대한민국의 발사장은 지리적으로 매우 불리한 위치에 있습니다. 프랑스는 프랑스령 기아나의 쿠루^{Kourou} 기지가 적도 바로 아래에 있습니다. 그곳은 지구의 자전 속도를 그대로 이용할 수 있어 발사 효율을 극대화할 수 있는 최적의 위치입니다. 프랑스는 보르도 인근에서 제작한 아리안-5와 아리안-6 로켓을 선적해 운하를 따라 수천 km 떨어진 쿠루 발사장까지 선박으로 운송합니다. 이처럼 효율적인 궤도 투입이 가능한 곳에 발사장을 확보한 덕분에 프랑스는 더 큰 위성을 더 적은 연료로 쏘아 올릴 수 있다는 이점을 갖고 있습니다.

미국은 서부 캘리포니아의 반덴버그 우주기지와 동부 플로리다의 케이프커내버럴 우주군 기지를 사용합니다. 두 곳 모두 태평양과 대서양에 인접해서 다양한 궤도로 발사가 가능하다는 매우 유리한 지리적 조건을 갖추고 있습니다.

중국과 일본도 마찬가지입니다. 중국은 하이난성 원창, 시창, 주취안 등 다섯 곳의 주요 발사장을 보유하고 있으며, 서해에서도 해상 바지선을 이용해 시험발사를 합니다. 일본은 가고시마 남쪽에 있는 다네가시마 우주센터를 주로 이용하며, 우치노우라 우주공간관측소라는 또 다른 발사장이 있습니다. 일본 역시 태평양 동쪽을 향해 발사해서 궤도 진입이 용이하다는 지리적 장점이 있습니다.

미국, 중국, 일본 등 우주 강국들은 바다에 인접한 발사장을 통해 지리적 이점을 극대화합니다. 이와 비교하면 대한민국은 제한된 발사 환경 속에서 경쟁해야 하는 불리한 구조에 놓여 있습니다. 대한민국은 현재 우주 발사장이 고흥 나로우주센터 단 한 곳에만 있습니다. 그리고 주변 국가들의 항로와 영해, 발사 궤적의 제한 등과 같은 복잡한 제약을 안고 있습니다. 그래서 고흥 발사장에서는 남쪽으로만 위성을 발사해야 하며, 결과적으로 같은 로켓이라도 우리가 발사할 때는 위성 중량에 제한을 받고, 더 많은 추진력이 필요한 구조가 됩니다.

이런 약점을 극복하려면 정책적·기술적 보완책 마련이 시급합니다. 우리도 '모바일 발사 플랫폼'이나 해상 발사 바지선 등을 이용하는 유연한 발사 전략을 고민해야 합니다. 제주도 남방 해역 등에 해상 발사 인프라를 구축하고, 장기적으로는 동남아 또는 해외 우호국과 공동 발사장 운영도 전략적으로 고려할 필요가 있습니다.

또한 재사용 발사체는 발사뿐만 아니라 회수까지 고려한 기반 시설이 필수입니다. 바다에 인접해 있고 회수 여건이 잘 갖춰진 미국이나 중국, 일본 등과 달리, 우리 고흥 발사장은 지리적으로 회수에도 제약이 많습니다.

그리고 발사 수요가 많아질 미래에는 국내에만 의존하는 발사체 인프라로는 한계가 분명히 있을 겁니다. 따라서 해외 우주 발사장 확보를 위한 외교적 협력과 국제 협상이 필요할 수도 있습니다. 이노스페이스가 브라질 알칸타라 발사장에서 시험발사를 진행한 사례는 우리에게 시사하는 바가 큽니다. 앞으로 우리도 호주, 필리핀, 파푸아뉴기니, 서사모아 등과 협력해서 우호적인 해외 발사 거점을 확보하는 방안을 적극적으로 검토해야 합니다. 협상만 잘 할 수 있다면 우리에게 열려 있는 선택지는 많습니다.

향후 위성 발사 수요는 급격히 증가할 전망입니다. 이에 따라 발사체 재사용 여부는 결국 '비용' 문제로 귀결됩니다. 같은 위성을 한 번에 많이, 즉 페이로드(탑재체)를 많이 실을 수 있다면 발사 효율성이 크게 향상합니다. 하지만 문제는 발사 지점의 지리적 조건입니다.

예를 들어 우리나라 고흥 발사장은 적도와 거리가 멀어서 동일한 위성을 발사하려 해도 더 강한 추진력을 갖춘 발사체가 필요합니다. 자연히 발사체는 무거워지고, 연료 소모도 많아져 재사용 구조 설계에도 부담이 커집니다. 이와 반대로, 필리핀이나 적도 부근에서 발사하면 지구의 자전 속도를 활용할 수 있어 더 가볍고 효율적인 발사체로 동일한 위성을 궤도에 투입할 수 있습니다. 그러면 경제성과 기술적 효율성을 충분히 확보할 수 있습니다. 재사용 발사체의 활용 여부는 결국 '비용 대비 효율'의 문제입니다. 재사용은 모든 발사에 적용할 만한 만능 해법이 아니며, 발사 장소와 임무의 특성에 따라 전략적으로 선택해야 합니다.

그래서 재사용 발사체에 관한 논의는 발사장 위치, 위성 수요 및 규모, 그리고 해당 국가가 모든 위성 발사 과정을 자체적으로 수행할 수 있는지 등을 포함해 종합적인 관점에서 해야 합니다. 예를 들어 일론 머스크가 재사용 발사체를 개발했을 때도 '재사용' 그 자체가 원래 목적이 아니었습니다. 그의 철학은 전 세계 어디서든 누구나 저비용으로 우주에 접근할 수 있도록 하자는 데 있습니다. 특히 아프리카를 포함한 전 세계에 위성 인터넷을 보급하는 스타링크 프로젝트를 실현하려면 1만 2천 기 이상의 위성을 저궤도에 올릴 필요가 있었고, 그 방안으로 재사용 발사체라는 방법을 선택했을 뿐입니다. 즉, 재사용은 수단이었을 뿐, 목표가 아니었습니다.

같은 맥락에서 우리도 '재사용 발사체의 사용' 그 자체를 목표로 삼으면 안 됩니다. 진짜 목표는 위성 발사 비용을 줄이고 전략적으로 필요한 시점에 신속하게 발사할 수 있는 체계를 구축하는 것이어야 합니다. 이런 관점에서 우리 현실에 맞는 최적의 발사 전략과 기술 구조의 설계가 필요합니다.

심수연 재사용 기술 자체가 아니라 비용 절감이 진짜 목표라는 말씀에 동의합니다. 어떻게 하면 적은 비용으로 위성을 발사할 수 있을지에 관해서는 여러 의견이 있을 듯합니다. 예를 들어 로켓랩의 일렉트론 발사체는 바다에서 건져 올려서 재사용하는 방식을 활용합니다. 이제 각자의 방식을 찾는 일이 더 중요해질 수도 있을 것 같습니다.

발사장 이야기를 해 주셨는데 깊이 공감이 됩니다. 사실 저희 회사도 요즘 발사장 문제 해결이 가장 큰 변수가 됐습니다. 이노스페이스는 브라질에서 준궤도 발사에 이어 궤도 발사를 준비하는 중입니다.

우선 수송 효율injection efficiency의 관점에서 보면, 호주나 적도 근방에 있는 동남아 국가들, 그다음에 극지방에 있는 국가들과 비교했을 때, 우리 발사장은 경쟁력이 부족한 것이 사실입니다. 또한 해상 소개의 어려움에 관해서도 말씀해 주셨는데, 호주 발사장 운영 기업과 실시간으로 확인해 보니 인근에 레저용 낚시 보트 1대밖에 없을 정도로 해역 내 활동이 없었습니다. 사회적으로도 고려할 사항이 적은 셈입니다.

그래서 우리가 제2우주센터를 만들 때는 최소한 제주도 남방이나, 나아가서는 적도 근방에 우리의 발사장이 있어도 좋지 않을까 생각합니다. 물론 기업들이 알아서 찾아갈 수도 있겠지만, 이런 부분은 국가가 인프라 측면에서 해결해 주면 좋겠습니다.

박종승 2023년 12월 제주도에서 고체 발사체를 발사했을 때의 경험은 여러 측면에서 많은 고민거리를 안겨 줬습니다. 당시 어민들과의 해상 소개 문제가 매우 해결하기 어려웠습니다. 해역을 안전 구역으로 정하는 일은 간단한 행정으로 풀릴 만한 문제가 아니어서 발사 시점과 해역 확보 간의 조율은 항상 굉장히 민감한 부분이었습니다.

또한 발사체의 효율성과 관련된 '수송 효율' 관점에서도 발사장 위치는 결정적인 영향을 미칩니다. 우주로 향하는 궤도와 가까운 곳에서 발사해야 에너지 측면에서 가장 효율적입니다. 하지만 우리는 지정학적·외교적 여건상 그런 최적 조건을 확보하기가 어렵습니다.

실제로 고체 발사체 발사 당시 제주도에서 발사했지만, 일본 영공과 해역을 피해 우회해야 했습니다. 1단은 일본 규슈 남서쪽, 2단은 필리핀 동쪽 해상에 낙하하게 한 뒤, 마지막으로 호주 인근 상공에서 궤도에 진입하는 복잡한 경로를 따라야 했습니다. 우리나라의 고체 발사체는 1단 추력을 상당히 높게 설계합니다. 그 이유는 단순한 성능 문제가 아니라 지리적 제약 때문입니다. 예를 들어 일본의 발사장은 가고시마 등에 있습니다. 일본 다네가시만 액체 추진 발사체 발사장, 고체 추진 발사체 발사장인 우치노우라 우주센터(가고시

마현)는 바로 남쪽이 태평양으로 열려 있어서 발사 궤적을 곧바로 설정할 수 있지만, 우리 고흥 나로우주센터는 상대적으로 북쪽에 있고, 일본 본토를 우회해야 하는 제한을 안고 있습니다. 이런 경로상의 제약 때문에 동일한 위성을 쏘더라도 낙하점을 고려한 고체 발사체의 1단 추진력은 일본보다 훨씬 높은 추력이 필요합니다.

실제로 동일한 조건에서 일본의 발사체가 100의 추력으로 충분하다면, 우리는 약 130의 추력이 필요합니다. 이는 곧 페이로드의 손실로 이어집니다. 똑같은 발사체라도 발사장 위치에 따라 실질적 효율이 달라지는 셈입니다. 이처럼 기술보다 더 어려운 문제는 인프라입니다. 단순히 로켓을 만드는 일보다 발사 환경과 조건을 어떻게 확보하느냐가 더 중요한 과제가 되고 있습니다. 이런 인프라는 단순히 기업에 맡겨서 해결할 수 있는 성격의 문제가 아닙니다. 그래서 예전부터 필리핀, 호주 북부, 심지어는 남태평양의 국가들까지 고려한 해외 발사장 확보 필요성을 주장해 왔습니다. 국가 주도로 추진하는 국제 협력 발사장 개념에 관해 논의해야 하며, 이는 앞으로 대한민국 우주산업의 확장에 반드시 필요한 전략적 자산이라고 생각합니다.

이런 배경에서 발사장 문제는 단순한 인프라를 넘어 국가 우주 역량과 직결되는 전략적 요소입니다. 앞으로 우리가 글로벌 수준의 우주기술력을 완성하고, 경제성 있는 위성 발사를 지속하려면 고흥 외에 국제 협력을 통한 제2의 해외 발사장 확보 전략이 필요합니다. 특히 필리핀 같은 동남아 국가 또는 남태평양 지역의 서사모아 등과의 협력을 제안하고 싶습니다. 예를 들어 K-방산 협력, 인프라 개발, 기술 이전 및 교육 훈련 지원 등과 연계한다면, 발사장 제공국에도 실질적 혜택이 돌아가는 윈-윈 전략이 될 수 있습니다.

이제는 우주 인프라를 단순한 과학기술 과제가 아니라 국정과제이자 안보·산업 전략의 일부로 인식해야 합니다. 따라서 국정 운영의 최고책임자 차원에서 의지를 보이고 이 문제에 관심을 기울여서 외교력을 총동원해 전략적 자산으로 발사장을 확보하는 정책 전환이 필요합니다.

북한은 지금 어디까지 왔나?

심수연 북한에 관해 조금 더 이야기해 보겠습니다. 대포동에서 시작해서 광명성 2호를 쏘아 올릴 때까지만 해도 국제사회는 북한이 우주 자체에 관심이 있다기보다 ICBM 개발을 위장하기 위해 우주발사체를 하는 척한다는 해석을 많이 했습니다. 그래서 유엔 안전보장이사회(안보리)의 대북 제재 결의는 북한의 탄도미사일 발사가 아니라 '탄도미사일 기술을 활용한 발사'를 금지합니다. 북한이 장거리 미사일을 우주발사체라고 위장 주장하려는 의도를 원천 봉쇄하기 위해서입니다. 대한민국과 미국 정부도 오랫동안 북한의 우주발사체를 일컬어 장거리 미사일이라고 표현해 왔습니다.

그러나 지금은 북한이 정말로 우주 역량을 보유하고 싶어 하고, 자체 감시정찰 능력이 없다는 점에 대해서도 조바심을 느끼고 있다고 봅니다. 우리나라와 미국은 말할 것도 없고, 전 세계가 상업용 위성만으로도 북한에서 일어나는 일을 상당히 자세하게 보고 있지 않습니까? '38 North'[10] 같은 사이트에만 들어가도 전문가들이 그냥 돈 내고 구독할 수 있는 오픈 소스 상업 위성 사진으로 동창리, 영변, 풍계리, 평양, 금강산, 원산/갈마 등지에서 일어나는 크고 작은 변화를 추적하고 있다는 사실을 알 수 있습니다. 순안공항에 서 있는 이동식 발사대[TEL], 광장에서의 군사 퍼레이드 준비, 평양의 아파트 건설 현장, 그리고 주요 항구의 동향까지도 다 잡힙니다. 반면, 북한은 우리를 볼 수가 없고 자기네 상공도 스스로 볼 수 없는, 즉 눈이 없는 상황이니 실제로 초조해할 수밖에 없을 겁니다. 그래서 북한은 단순한 ICBM 역량 이상의 우주 역량을 원한다는 생각이 들고, 러시아한테 원하는 바도 그런 부분이 아닐까 싶습니다.

박종승 현재는 북한의 우주 역량이 아직 무르익지는 않은 수준이라고 평가할 수 있습니다. 불과 5~6년 전만 해도 우리의 기술 수준에 크게 못 미쳤고, 상당한 격차가 있었습니다. 하지만 이제는 우주 영역에서도 북한이 대한민국과 경쟁 구도에 들어섰다고 봐야 할 듯합니다.

---

10) https://www.38north.org/ 참조.

특히 북·러 간 기술 협력, 즉 북한이 러시아로부터 우주 분야의 기술을 반대급부로 이전받는다면, 그 발전 속도가 매우 가속할 가능성이 높습니다. 러시아는 핵잠수함이나 원자력 분야에서는 기술 이전에 민감하지만, 우주 분야는 전략적 부담이 상대적으로 약한 영역이어서 북한에 대해 조금 더 개방적인 입장을 취할 수 있습니다.

2023년 9월, 전 세계의 이목이 집중된 가운데 열린 김정은-푸틴 정상회담 장소는 다름 아닌 러시아의 '보스토치니 우주기지'였습니다. 카자흐스탄의 바이코누르 우주기지를 대체할 목적으로 새롭게 건설한 이 최첨단 우주기지는 러시아가 2016년 첫 위성 발사를 성공한 이후 우주 전략의 핵심 거점으로 활용하고 있습니다. 당시 북한은 이미 두 차례 정찰 위성(만리경 1호) 발사에 실패한 뒤였고, 세 번째 시도는 반드시 성공해야 하는 상황이었습니다. 이런 상황에서 북한이 보스토치니 기지를 회담 장소로 택했다는 점은 러시아로부터 정찰 위성 관련 기술 이전을 의도했을 가능성이 높다는 분석에 힘을 실어 줍니다.

이런 변화는 단지 기술 협력 차원을 넘어 한반도 안보 지형 전체를 흔들 수 있는 '우주 기반 위협'의 실체화를 의미합니다. 실제로 러시아는 우크라이나와의 전쟁에서 스타링크 위성망을 교란하거나 신호를 차단한 전력이 있습니다. 이는 곧 우주 공간에서도 사이버전, 전자전을 활발히 전개하며, 앞으로 우리가 '우주 위협'에 대비하지 않으면 안 되는 시대에 진입했음을 상징합니다.

북한은 2023년 11월 21일 평안북도 철산군 서해 위성 발사장에서 정찰 위성 '만리경-1'호를 탑재한 신형 위성 운반 로켓 '천리마-1'형을 성공적으로 발사했다 (출처: 조선중앙TV 방송영상 캡처 화면)

대한민국도 이에 대비한 전략을 수립해 왔습니다. 우리는 2022년 12월 국방과학연구소 주도로 개발한 고체 추진 우주발사체의 1차 시험발사에 성공했습니다. 2023년 5월에는 누리호 3차 발사가 있었고, 같은 달 말 북한은 서둘러 군용 정찰 위성 발사를 시도했지만 실패했습니다. 3개월 뒤 재시도 역시 실패했습니다. 이는 북한이 대한민국 우주기술의 진전에 상당한 위기의식을 느끼고 있음을 보여 주는 장면입니다.

대한민국은 국방 우주력 확보를 위해 2023년 12월 2일 425사업의 일환으로 정찰 위성 1호기를 성공적으로 발사했습니다. 2024년 4월에는 425사업 2호기도 성공적으로 발사했습니다. 같은 해 5월,

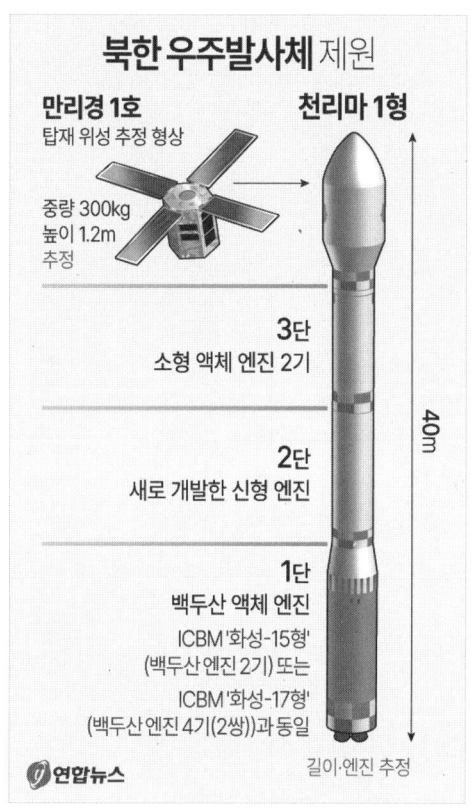

〈그림 2-4〉 북한의 위성 탑재 우주발사체 천리마 1형의 제원
(출처: 연합뉴스)

　북한도 만리경을 발사했지만, 또다시 실패하며 격차가 여실히 드러났습니다.

　북한의 최근 발사에서 주목해야 할 핵심은 바로 우주발사체 연료의 변화입니다. 이전에 북한은 미사일에 사용하던 하이드라진과 사산화이질소(N_2O_4)라는 독성 액체 추진제를 우주발사체에 그대로 적용해 왔습니다. 이는 발사체 추진에는 효과적일 수 있으나, 독성이 매우 높아 발사체의 운용 효율성과 안전성, 환경 측면에서 큰 한계가 있는 연료 체계입니다. 반면, 중국과 러시아, 대한민국(누리호)은 모두 우주발사체에 액체 산소와 등유 조합을 사용합니다. 이 조합은 연료 효율이 높고, 독성이 없으며, 상용화된 고성능 연료 체계로 알려져 있습니다.

2024년 5월 27일 북한이 발사한 만리경 위성 발사체에는 처음으로 액체 산소와 등유 연료 조합을 사용했다고 추정합니다. 이는 단순한 연료의 변경을 넘어 연료 공급 시스템, 연소기 설계, 터보펌프, 연료 탱크 재질 등 발사체 전체 구조의 근본적인 설계 전환이 필요한 고난도 기술입니다.

이런 체계 전환은 막대한 비용과 기술력, 인프라 구축을 수반하는 작업입니다. 이를 북한이 짧은 시간 안에 독자적으로 구현했다고 보기는 어렵습니다. 따라서 엔진을 구입해 발사체를 구성했거나, 특히 러시아의 기술 지원과 같은 외부 협력이 있었을 가능성이 매우 높다는 해석이 설득력을 얻고 있습니다. 이는 단순히 북한 발사체 기술의 발전을 넘어 북·러 간 우주 협력에서 실질적 진전이 이루어졌음을 시사하는 중요한 정황으로 볼 수 있습니다.

이는 매우 우려스러운 점입니다. 북한이 5년 전 고체연료 미사일 기술로 전환한 뒤 비약적인 성장을 이루었듯이 우주 분야도 같은 속도로 발전할 수 있다고 판단합니다. 지금은 조심스럽지만 향후 5년 내 북한의 우주 역량이 크게 바뀔 가능성을 염두에 둬야 할 시점입니다.

3장

민·군 통합 기술 혁신으로 우주로 가자

우주 개발은 단일 주체가 감당할 수 없는 복합적이고 방대한 영역이다. 따라서 민간과 군의 협업, 기술 융합, 역할 분담이 필수다. 하지만 지금까지 대한민국은 민간과 군의 사업 추진 속도와 목표가 서로 달라 시너지를 충분히 발휘하지 못했다. 이런 구조적 단절 문제를 극복할 통합적 전략을 마련해야 한다.

우선 민간의 역량을 적극적으로 활용하는 방식으로 패러다임 전환이 필요하다. 정부가 개발한 시스템과 기술은 효과적으로 민간에 이전하고, 민간기업은 이를 신속하게 사업화하고 시장을 창출해야 한다.

또한 연구개발 중심의 제도를 산업화 중심으로 전환해야 한다. 연구와 창업, 기술 이전을 유기적으로 연결한 선순환 구조를 만들려면 제도적 혁신 역시 절실하다.

가깝고도 먼 길, 민·군 기술 협력

미사일 기술로 우주를 넘보다

심수연 국방과학연구소는 고체 추진 미사일을 개발하다가 고체 추진 우주발사체까지 개발하게 됐습니다. 한편, 민간에서는 한국항공우주연구원을 중심으로 나로호, 누리호, 그다음에 차세대 발사체로 이어지는 액체 추진 발사체의 흐름이 있습니다. 고체 추진 발사체 기술을 보유한 국방과학연구소와 한국항공우주연구원 사이의 기술적 상호 교류는 없었을까요? 반드시 추진 체계가 아니더라도 비행 제어랄지 다른 분야에서도요?

박종승 거의 없었습니다. 공식적인 자리에서 이야기해 본 적도 없습니다. 하지만 이제는 함께 논의해야 할 때입니다. 수십 년간 고체 발사체 기술을 국방 분야 중심으로 개발해 오면서도 민간과의 협력이나 기술 이전에 관한 본격적인 논의는 제대로 이루어지지 못했습니다. 이는 단순한 소통의 부재 문제가 아니라 앞으로 우리가 풀어야 할 중요한 숙제입니다.

해외 사례를 보면, 우주산업의 발전은 늘 민·관 협력과 공론화를 통해 이루어졌습니다. 하지만 우리는 아직도 실무자 중심의 '바텀업$^{bottom-up}$' 방식으로만 접근합니다. 이 방식만으로는 한계가 분명합니다. 그래서 이제는 '톱다운$^{top-down}$' 방식, 즉 강력한 리더십과 명확한 정책 방향성이 필요합니다. 바텀업과 톱다운이 균형 있게 맞물릴 수 있는 공론화가 절실합니다. 우주산업이라는 거대한 전환점 앞에서 한 번쯤은 국가 차원의 논의가 있어야 합니다.

국방 중심에서 민간으로 기술의 흐름을 바꿔야 합니다. 지금까지 고체 발사체 기술은 주로 국방의 관점에서 다뤄졌습니다. 기술 발전에는 매우 큰 의미가 있었지만, 지금처럼 국방에만 머물러서는 안 됩니다. 이제는 국방에서 쌓아 온 기술을 민간에 이전$^{spin-off}$해 우주산업으로 확장해야 할 때입니다. 이제 고체 발사체 기술은 안보에만 필요한 기술이 아닙니다. 민간의 손에서 혁신 능력과 시장 경쟁력을 키워야 할 자산입니다.

국방과학연구소장으로 재직하던 2021년 무렵, 당시에도 깊이 고민했던 사안이 하나 있었습니다. 누리호의 1단 구성과 미사일 지침이 미친 영향입니다. 현재의 누리호는 75톤 액체 엔진 4기를 클러스터링(여러 개를 하나로 묶는 기술)해 총 300톤급으로 1단을 구성하고, 2단과 3단도 모두 액체 엔진으로 설계되어 있습니다. 이는 당시 미사일 지침의 제약으로 고체 발사체를 사용할 수 없던 때라 다른 선택이 불가능했던 설계 구조였습니다.

만약 당시에 고체 발사체 기술을 활용하는 데 제약이 없었고, 국방과학연구소에서 개발한 고체 1단 추진체를 부스터로 활용하는 성능 개량형 누리호 발사체를 설계했다면, 지금보다 훨씬 큰 위성 투입 중량을 확보할 수 있었을 겁니다. 즉, 액체 엔진을 주 추력main thrust으로 사용하고, 고체 로켓을 보조 부스터로 활용하는 복합형 발사체 개발이 가능했다면 더 강력한 발사체 기술을 더 빨리 확보할 수 있었습니다. 이 사례는 단지 기술적 선택지의 문제를 넘어서 정책 제약이 우주산업 발전에 어떤 영향을 미치는지를 잘 보여 주는 대표적인 사례입니다. 미사일 지침이 폐기되지 않았다면, 이런 기술 융합은 지금도 시도조차 할 수 없습니다.

현재 대한민국의 우주 정책과 차세대 발사체 개발은 재사용 발사체 중심으로 논의를 진행하고 있지만, 오히려 액체-고체 복합형 발사체는 기술적 실현 가능성과 상징성 모두에서 의미 있는 대안이 될 수 있습니다. 기존 누리호 기술과 국방과학연구소의 고체 발사체 기술을 결합한다면, 상대적으로 이른 시일 안에 대형 발사체 개발을 실현할 수 있기 때문입니다.

심수연 고체와 액체 추진기관을 함께 사용하는 복합형 발사체는 H2나 H3[1], Ariane 6[2]처럼 액체 추진기관을 메인으로 하고 고체 부스터를 측면에 결합하는 방식과 VEGA-C[3]나 우리 고체 발사체처럼 고체 추진기관을 메인으로 하고 마지막 궤도 투입 정밀성과 수송 효율을 높이기 위해 액체 단을 추가하는 방식이 있습니다. 결국 비용이 관건입니다. 재사용 발사체 이야기도 비용 문제를 고려해서 나온 대안이었습니다. 그래서 재사용 발사체에는 메탄이나 액체 추진제를 적극적으로 활용하고 있습니다. 그런데 이렇게 추진기관이 달라지는 데 따라서 고체 발사체와 액체 발사체, 양 추진기관을 모두 사용하는 복합형 발사체 간에 수행해야 할 임무가 구분된다고 생각하시는지요?

박종승 중국의 사례로 설명해 보겠습니다. 중국의 5년 전과 지금을 비교하면 비약적인 기술 발전이 이루어졌습니다. 중국은 항천공사(중국항천과기집단공사, 中國航天科技集團公司, CASIC)에서 오래전부터 미사일을 개발했습니다. 물론 처음에는 UDMH나 MMH 같은 독성 있는 액체연료[4]와 사산화이질소라는 산화제로 미사일을 만들었지만,

---

1) JAXA와 미쓰비시중공업이 공동 개발한 일본의 주력 로켓.
2) 유럽의 다국적 기업 아리안 그룹이 개발하고 있는 유럽의 차세대 로켓.
3) 유럽 우주청과 이탈리아 우주국이 개발하고 이탈리아 기업 아비오^{Avio}가 제작한 4단 고체연료 우주 발사체.
4) UDMH(비대칭 다이메틸-하이드라진, Unsymmetrical Di-Methyl Hydrazine)와 MMH(단일 메틸-하이드라진, Mono Methyl Hydrazine)는 로켓의 액체연료로 많이 쓰는 화학물질로, 별도 점화장치 없이도 접촉 시 점화해서 점화 신뢰성이 높으며, 상온에서 장기 저장이 가능하고, 냉각 없이도 장기 임무 수행이 가능하다는 장점이 있으나, 맹독성 물질이다.

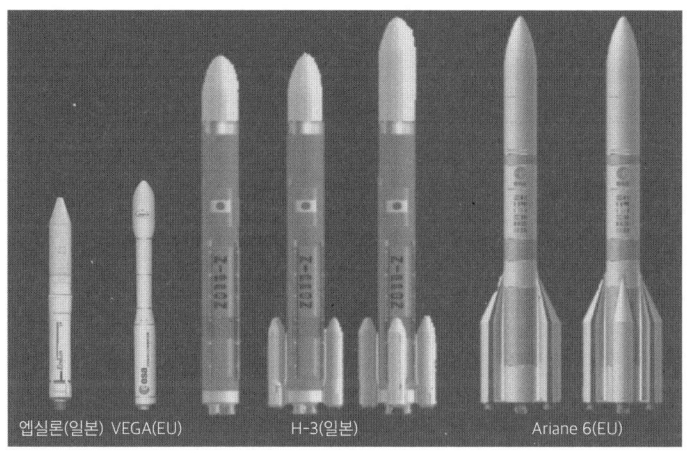

일본과 유럽이 개발한 액체-고체 복합형 발사체 (좌측부터 순서대로 일본의 엡실론, 유럽의 VEGA, 일본의 H3-30S, H3-22S, H3-24S, 유럽의 Ariane 62, Ariane 64)
(출처: 각 제작사 자료 이미지 랜더링 재구성)

점차 군사적 즉응성이 좋은 고체연료를 기반으로 미사일을 설계·제작하고, 기술이 성숙한 후에는 고체연료 기반 우주발사체를 개발해왔습니다. 이를 바탕으로 최근에는 우주 분야에서 국제적 위상을 높이겠다는 의미의 '우주굴기(宇宙崛起)'라는 국가 정책에 부응해 우주발사체 개발이 급속도로 발전했습니다. 그 근간에는 국가 지원과 자생력을 바탕으로 크게 발전하고 있는 민간 우주발사체 스타트업들이 있습니다. 다름 아닌 중국 항천공사 출신들이 민간에서 우주산업의 토대를 만들고 있는 중입니다.

중국은 발사 장소가 다섯 군데나 있고, 그중에는 해상 발사장도 있습니다. 심지어 해상 발사 바지선이 우리나라의 서해안 어업경계선 근방까지 와서 발사하는 상황도 발생하고 있습니다.

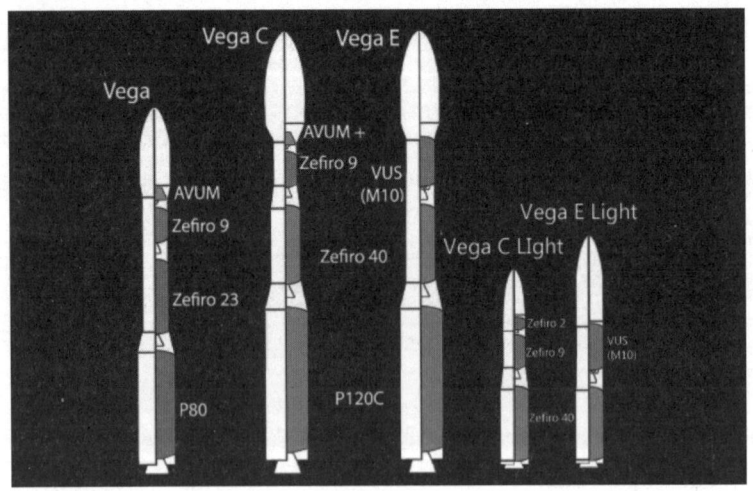

이탈리아 기업 아비오가 제작한 VEGA 로켓 시리즈 (출처: 아비오 자료 이미지 랜더링 재구성)

　또한 중국의 액체연료 우주발사체는 탑재 중량이 큰 발사체에 집중합니다. 우주 탐색을 하는 인도가 GSLV[5]를 만들었듯이 중국에도 그렇게 큰 그룹이 하나 있습니다. 그리고 소형화 그룹은 고체추진 우주발사체로 가고 있습니다.

　가장 최근에는 일론 머스크의 영향을 받아 재사용에 관한 논의를 빠르게 시작했습니다. 중국도 재사용 발사체의 경제성에 주목하고 있습니다. 액체 우주발사체에는 두 가지가 있는데, 소모성으로 쓰고 버리는 개념이 있고, 1단 로켓을 회수해서 재사용하는 개념이 있습니다. 중국은 심지어 바지선에서 콜드 런칭을 하는, 즉 수직 사출

---

5) 정지궤도위성발사체Geosynchronous Satellite Launch Vehicle의 약자로 인도우주연구기구ISRO가 운영하는 소모성 발사 시스템을 말한다.

발사 방식의 ICBM인 DF-21을 개조하는 기술도 활용합니다.

그렇다면 우리나라는 과연 어떻게 해야 할까요? 사실 중국의 사례에서 우리가 나아갈 방향을 엿볼 수 있습니다. 첫 번째로 인력구조를 보면, 국방 영역을 담당하는 국유기업으로 DF(둥펑) 미사일 시리즈를 많이 만드는 중국 항천공사의 연구원들이 회사에서 나와 스타트업을 차린 사례가 많습니다. 게다가 현재 중국은 거의 2주에 한 번꼴로 우주발사체를 발사합니다. 물론 국가적으로 지원이 엄청나기 때문이기도 하지만, 서로 간의 경쟁을 통해 더욱 발전하는 모습입니다. 반면, 대한민국은 1년에 한 번 발사도 어려운 상황입니다.

우리나라는 지금 우주 분야 연구개발 인력이 절대적으로 부족합니다. 앞으로 많이 고민해야 할 문제 중 하나가 우주 인력을 어떻게 양성할지입니다. 민간 분야에 페리지에어로스페이스나 이노스페이스 등과 같은 기업이 있지만, 충분한 경험과 기술 기반 없이 독자적인 개발에 도전하다 보니 현실적인 한계에 직면해 있습니다.

우리나라 우주발사체 산업의 지속 가능한 발전 방향을 고민할 때, 중국의 사례는 의미 있는 참고가 될 수 있습니다. 중국은 국가 주도의 핵심 기술 개발과 함께 이를 민간에 점진적으로 이전하는 구조를 통해 기술 생태계를 빠르게 확장해 왔습니다. 국영 연구기관에서 축적한 전문 인력과 설계 노하우가 민간으로 자연스럽게 이전되면서, 민간기업들도 실질적인 기술력을 갖추고 경쟁력을 키워 나갈 수 있었습니다.

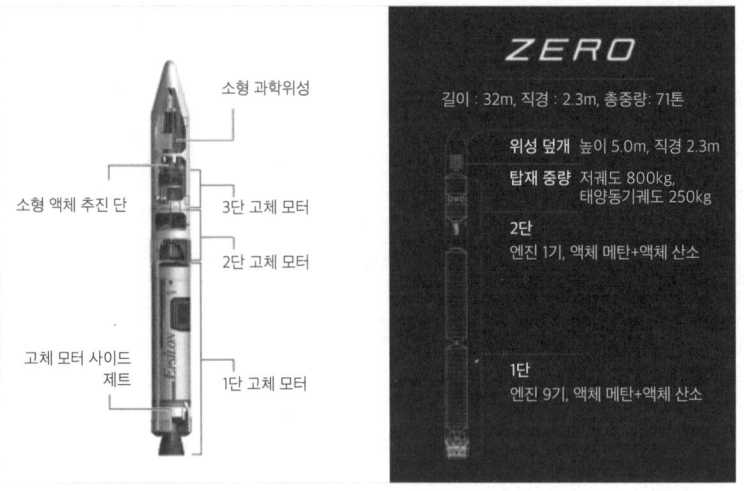

일본 JAXA의 엡실론 로켓(왼쪽)과 인터스텔라 테크놀로지스의 제로 로켓 (출처: 각 제작사 자료 이미지 재구성)

대한민국 역시 이제는 행정 중심의 접근을 넘어서 실제 기술을 설계하고 구현할 수 있는 전문 인력 양성 및 이전 체계를 강화해야 할 시점입니다. 국가와 민간이 역할을 분담하고 유기적으로 협력하는 생태계를 조성하지 않는 한, 발사체 산업의 성장은 제한적일 수밖에 없습니다.

일본의 사례를 보면, 엡실론 로켓 개발 이후 엡실론 성능 증가량 모델Epsilon Enhanced Model까지 만들면서 끊임없이 연구개발과 발사를 거듭했습니다. JAXA에서 이 엡실론 로켓으로 위성을 발사했는데, 6회 시도 중 5회 성공했습니다. 지금은 350억 원대에서 250억 원대로 발사 비용을 줄이기 위한 기술 혁신에 매진하고 있습니다. 3D 프린트를 이용한다든지 등과 같이 생존하기 위해 꾸준히 여러 방면으로 노력하고 있습니다. 또한 일본은 액체 메탄 엔진을 만드는 등 근본적으로 틀을 바꾸는 개념으로 민간 경쟁 체제를 유도하고 있습니다.

우리나라도 이제 우주발사체 산업의 출발선에 서 있습니다. 현재 고체 발사체 개발이 진행 중이지만, 앞으로 이 시장에서 경쟁력을 갖추려면 무엇보다도 가격 경쟁력 확보가 핵심 과제가 될 겁니다. 고체 발사체를 대형화하는 과정에는 막대한 인프라 투자와 제조 기반이 필연적입니다. 이런 요건이 제대로 갖춰져야만 본격적인 상업화와 수출이 가능해집니다. 하지만 가격 경쟁력은 정부 주도로만 해결할 수 있는 문제가 아닙니다. 오히려 민간이 주도해야만 가격을 낮추고 효율성을 높이는 방향으로 나아갈 수 있다고 생각합니다.

또한 장기적으로는 액체 발사체의 연료를 메탄으로 전환하는 것이 매우 중요한 방향이라고 봅니다. 메탄은 재사용성을 높이고 연소 특성도 우수해 차세대 발사체의 핵심 연료로 부상하고 있습니다. 이 역시 민간 주도의 기술 혁신과 투자가 병행돼야만 실현할 수 있을 겁니다.

현재 대한민국 우주항공청이 계획 중인 차세대 발사체는 100톤급 엔진을 클러스터링해서 1단으로 구성한 추진기관을 바탕으로 달 착륙을 목표로 하고 있습니다. 물론 처음부터 경제성 관점에서 검토한 계획은 아니었기에 투입 예산 대비 경제성 확보에서 어려운 점이 있다고 봅니다. 다만, 100톤급 대형 발사체를 처음부터 재사용할 수 있게 연구개발을 하는 데는 현실적으로 많은 기술적 난제가 수반될

2023년 5월 국내 독자 기술로 개발한 누리호 발사 성공 장면 (출처: 연합뉴스)

겁니다. 엔지니어의 관점에서 보면, 이런 대형급 재사용 발사체 개발은 상당히 많은 시간이 소요될 수밖에 없습니다.

그래서 그 이전 단계로 5~6톤 정도의 위성을 궤도에 투입할 수 있는 경제성 높은 중형 재사용 발사체 개발이 하나의 실현 가능한 목표가 될 수 있습니다. 상대적으로 설계가 단순하고 제작이 용이한 중형 재사용 발사체에 대한 기술적 도전도 국가적인 지원만 충분하다면 단기간 내에 실현할 수 있다고 봅니다. 시간이 지나면서 우리도 자연스럽게 발사체 포트폴리오를 기능, 목적, 비용 효율성 등에 따라 다양화할 수 있으면 좋겠습니다.

심수연 앞서 잠시 언급했던 누리호와 고체 발사체를 한번 비교해 주시면 좋을 듯합니다.

박종승 누리호는 기술적으로 이미 성숙한 수준에 도달한 국산 발사체입니다. 단계별 시험과 세 차례의 발사를 통해 신뢰성과 성능을 입증했으며, 이는 대한민국 발사체 기술의 자립을 상징하는 중요한 성과라 할 수 있습니다.

그러나 가격 경쟁력 확보가 누리호의 가장 큰 과제로 떠오르고 있습니다. 기술적 완성도를 넘어서 상업 발사 시장에서 지속 가능하게 자리 잡으려면 비용 절감과 발사 주기 단축, 민간 협력 확대 등 경제성 중심의 전략이 필요합니다. 결국 누리호의 미래는 '얼마나 자주, 얼마나 적은 비용으로 발사할 수 있는가'에 달려 있다고 해도 과언이 아닙니다.

심수연 누리호의 1회 발사 비용이 1,000억 원 넘게 든다고 알고 있습니다.

박종승 가격을 낮추려면 아무래도 엔지니어들의 끊임없는 노력이 필요합니다. 아쉽게도 지금의 누리호는 상업 시장에서 가격 경쟁력이 없습니다. 비싸지만 국가에서 기술 유지나 공공 수요 위성 발사, 상징성 등과 같은 다른 여러 이유가 있어서 이용할 뿐입니다. 국제적으로 상업 시장에서 경쟁력을 가지려면 각고의 노력이 필요합니다.

우주 강국에 걸맞는 민·관 협력 생태계 구축

심수연 앞서도 중간에 조금씩 이야기를 나눴지만, 우리가 우주 강국으로 발돋움하려면 무엇을 국가가 하고, 무엇을 민간에 넘겨야 할지에 관해 종합적으로 정리해 보면 좋겠습니다. 어떻게 하면 민간과 국가가 최적의 역할 분담을 하고, 최고의 시너지를 낼 수 있을까요?

박종승 가장 중요한 원칙은 민간에 넘길 수 있는 부분은 과감하게 넘기고, 창의적 도전을 국가가 뒷받침해야 한다는 점입니다. 우리가 우주 강국으로 가려면 그에 앞서 국가가 무엇을 하고, 민간에 무엇을 넘길지에 관해 전략적으로 판단해야 합니다. 민간이 할 수 있는 영역은 과감하게 기술 이전을 하고, 국가는 창의적인 도전을 할 수 있는 기반을 마련해 주는 데 집중해야 합니다.

미국을 방문했을 때 직접 목격했던 장면이 아직도 생생합니다. 당시 425사업의 위성을 발사하기 위해 현장에 있었고, 긴장감 속에서 발사 장면을 지켜보고 있었습니다. 당시 호크아이라는 위성도 함께 발사했는데, 이는 캐나다의 한 대학교에서 개발한 신호정보 위성이었습니다. 대학생들은 밴드웨건bandwagon 방식[6]으로 대형 위성과 함께 자신들의 위성을 실어 올렸고, 옆에서 환호하며 발사를 즐기고 있었습니다. 그 순간 '우리나라는 민간이나 학계가 이런 창의적이고

---

[6] 발사체에 대형 위성을 싣고 나서 남는 빈 공간을 이용해 소형 위성을 추가로 탑재하는 방식을 말한다.

도전적인 영역에 진입할 수 있도록 제대로 길을 열어 주고 있는가?'라는 생각이 머릿속을 스쳤습니다.

또 하나의 사례는 이스라엘입니다. 이스라엘의 라파엘은 SAR과 EO/IR을 통합한 위성을 개발했습니다. 기술적으로 굉장히 도전적인 시도였고, 비용 측면에서도 효율적이었습니다. 위성 하나로 레이더 영상과 광학 영상을 동시에 확보할 수 있다면 작전 유연성은 물론 정보 수집의 신뢰도도 획기적으로 향상할 수 있기 때문입니다.

그런데 우리나라는 어떤가요? SAR 위성 기술도, EO/IR 위성 기술도 이미 보유하고 있지만, 이 둘을 통합하는 도전적인 시도는 이루어지고 있지 않습니다. 이런 창의적 도전은 바로 국방 연구개발과 국가 연구개발이 함께 나서야 할 영역입니다. 창의와 혁신을 밀어줄 국가적 결단이 필요하다는 뜻입니다. 우주산업은 단순히 발사체와 위성만의 문제가 아닙니다. 정보를 수집하고 분석하고 활용하는 전 과정의 생태계를 만드는 일이어야 합니다. 그 생태계가 민간 중심이 되어 창의적으로 작동할 수 있도록 국가가 설계하고 뒷받침해야 합니다. 기술이 성숙한 영역은 과감히 민간으로 이전하고, 도전적 과제에는 국가가 예산과 제도로 지원하는 체계가 필요합니다.

그리고 학계와 스타트업, 연구소가 함께 경쟁할 수 있는 환경도 조성해야 합니다. 우주 강국으로 나아가려면 창의적 도전을 인정하고 밀어주고 뒷받침하는 사회가 돼야 합니다. 물론 그 중심에는 국가의 정책적 결단과 책임 있는 투자가 있어야 합니다.

우리 시장은 우리가 만든다

심수연 2024년부터 2025년 4월까지 우리 군의 정찰 위성 4기를 스페이스X의 발사체 팰컨-9에 실어 발사했습니다. 일전에 국방과학연구소 연구원들로부터 고객으로서 스페이스X의 발사 과정을 보면 느끼는 바가 많다는 이야기를 들은 적이 있습니다. 현 시점에서는 아무래도 전 세계에서 가장 앞서가는 상용 발사 서비스라 그렇게 말한 듯합니다. 우리가 스페이스X로부터 배울 점이나 벤치마킹할 점이 있다면 무엇일까요?

박종승 국방과학연구소장으로 재직 중일 때 스페이스X에서 SAR 1호기를 발사하는 과정을 직접 지켜본 적이 있습니다. 그때 들었던 생각 중 하나가 미국은 오랜 위성 발사 역사가 있어서 그런지 '마음먹은 곳에서 마음대로 위성을 쏠 수 있는 환경'을 이미 구축해 놓았구나 하는 점이었습니다.

스페이스X에 관해 주변에서 들은 이야기는 많습니다. 이 회사는 철저한 비즈니스 마인드로 운영되고, 구성원들이 밤새워 일하는 날도 잦은 편이라고 합니다. 무엇보다 인상 깊었던 점은 열심히 일하는 사람에게 확실한 보상을 제공하는 시스템이 잘 갖춰져 있다는 점이었습니다. 그만큼 직원들에게 명확한 동기를 부여하고, 자발적 몰입을 유도하는 기업 문화를 갖고 있다고 느꼈습니다.

또한 이들은 단순한 조직이 아니라 진정한 전문가 집단이라는 인상을 강하게 받았습니다. 각자의 분야에서 깊이 있는 전문성을 바탕으로 유기적으로 협력하는 모습은 매우 인상적이었습니다. 스페이스X는 민간기업이지만, 오랫동안 미국 정부의 전략적 투자와 지원을 기반으로 삼아 성장해 왔으며, 그 위에 민간 특유의 빠른 실행력과 기술 혁신 역량까지 더해 독보적인 존재가 됐습니다.

그런 측면에서 우리는 유럽의 사례를 주의 깊게 살펴볼 필요가 있습니다. 소장 시절에 아리안스페이스 ArianeSpace 그룹의 CEO를 만난 적이 있습니다. 아리안 5 발사체를 개발한 이후 자부심이 컸던 유럽은 스페이스X가 급부상하자 큰 충격을 받았고, '앞으로 어떻게 살아남아야 하나?'라는 고민에 빠져 있었다고 합니다. 이는 세계 우주 시장에서 스페이스X의 영향력이 얼마나 거대해졌는지를 보여 주는 상징적인 일화입니다.

그러나 스페이스X 또는 미국이 전 세계의 위성 발사 수요를 모두 감당할 수 없다는 점은 분명한 사실입니다. 실제로 우리가 미국에 위성 발사를 의뢰할 때도 "기다려 달라."라는 답변을 받는 일이 많습니다. 우리가 필요한 시점에 맞춰 위성을 발사하기가 어렵다는 이야기입니다. 위성 발사는 타이밍이 중요한데, 그렇게 기다릴 수만은 없습니다.

이런 상황을 고려하면, 대한민국도 충분히 희망을 가질 수 있습니다. 우리가 자체적인 발사 역량을 확보하고 재사용 발사체 같은 기술적 대안을 단계적으로 발전시켜 나간다면, 글로벌 발사 시장에서도 의미 있는 위치를 점할 수 있습니다.

정부의 시간과 민간의 시간은 다르게 흐른다

심수연 앞서도 발사장 이야기를 조금 했지만, 조금 더 논의해 볼 필요가 있습니다. 고흥 나로우주센터 내 청석금(외나로도) 일대에 조성 예정인 민간 발사장과 관련해서는 정부에 항상 "정부의 시간하고 민간의 시간이 너무도 다르게 흐른다."라고 이야기하게 됩니다. 앞서도 말씀드렸지만, 민간 자본의 인내심에는 한계가 있기 때문에 우리가 적시에 다음 단계로 나아가야 할 때마다 인프라 문제가 상당히 큰 변수로 작용합니다. 정부 주도로 우주발사체 클러스터를 추진하고 있다는 점에는 감사하지만, 속도 측면에서는 언제나 갈증과 아쉬움을 느낍니다.

박종승 정확한 지적입니다. 정부의 시간과 민간의 시간은 분명히 다르게 흐릅니다. 2020년 가을, 당시 국가안보실 방위산업담당관과 함께 민간도 활용할 수 있는 우주 발사장을 구축하기 위해 고군분투했던 기억이 있습니다. 그때 전남 고흥군 청석금 일대를 민·군 겸용 우주 발사장으로 조성하는 계획을 수립했고, 2021년부터는 480억 원의 예산도 반영됐기에 본격적으로 추진되리라고 기대했습니다.

그러나 안타깝게도 그로부터 5년이 지난 지금까지도 시설 구축이 느리게 진행되고 있습니다. 당시에도 제도적으로나 예산으로나 어려운 점이 많았지만, 어쨌든 길을 열었으니 제대로 추진만 했다면 지금쯤 눈에 띄는 성과가 나왔을 겁니다. 계획은 있었는데 실천이 따라 주지 못한 대표적인 사례입니다. 이런 점에서 정부의 실행력 부재에 대한 아쉬움이 매우 큽니다.

실제로 국방 분야에서 개발한 고체 발사체는 기술적으로 이미 완성 단계에 도달해 있습니다. 하지만 부처 간 조율 부족으로 아직까지 이를 발사할 지상 발사장을 마련하지 못하고 있는 것이 현실입니다. 그나마 다행인 점은 우주항공청이 출범한 이후 민간 주도의 우주산업화를 핵심 목표로 삼고, 과거보다 훨씬 적극적인 자세로 정책을 추진하고 있다는 사실입니다. 제도와 조직의 변화가 실제 실행력으로 이어진다면, 앞으로는 더욱 일관된 전략과 빠른 결정으로 인프라 문제 역시 해결될 수 있으리라 기대합니다.

정부가 진정으로 '우주산업' 구축 의지가 있다면, 이제는 민간보다 더 빠르게 움직여야 합니다. 우주산업 관련 업무를 맡고 있는 정부 부처라면 기득권 유지나 부처 간 이기주의, 조직의 이해관계에 머물러서는 안 됩니다. 국가의 이익과 국민의 미래를 최우선으로 두고 모든 정책과 사업을 진심 어린 책임감과 시대적 사명감을 바탕으로 추진해 주길 바랍니다.

기술 이전의 진짜 조건

민간 혁신을 통한 가격 경쟁력 강화

심수연 현재 누리호 고도화 사업이 진행 중입니다. 2025년부터 2027년까지 3차례 반복 발사가 목표입니다. 이미 말씀하셨듯이 누리호는 이미 성숙한 시스템이지만, 가격 경쟁력 확보가 큰 과제입니다. 그런데 이를 위해서는 결국 리스크를 더 부담해야 합니다. 연료 탱크 두께를 깎아 무게를 줄인다든지, 다른 제작 방식이나 협력사를 찾아 단가를 낮춘다든지 해야 합니다. 그러면 자연히 지금까지 잘 되던 것이 실패할 가능성도 생길 수 있습니다. 그런 리스크를 용인해야만 가격 경쟁력을 확보할 수 있을 듯합니다. 그런데 밖에서 보면 꼭 그런 상황까지는 아닌 듯도 싶습니다. 민간에 기술 이전을 했다지만, 정작 민간이 이런 리스크를 충분히 감당할 만한 여지가 없다면 과연 가격 경쟁력을 확보할 수 있을까 하는 의문이 듭니다.

박종승 아주 핵심적인 지적입니다. 누리호는 현재 기술적으로는 충분히 성숙한 발사체 시스템이지만, 상업화 관점에서는 가격 경쟁력이라는 현실적인 한계에 직면해 있습니다. 누리호 고도화 사업이 발사체의 신뢰성을 높이는 데는 기여할 수 있으나, 민간 이전과 시장 진입을 위한 핵심 요건은 결국 비용 구조의 혁신입니다.

그런데 현재 진행 중인 누리호 기술 이전 사업을 살펴보면, 기술을 이전받는 기업에 실제로 상업적 경쟁력을 확보할 수 있는 수준의 설계 권한이나 최적화 가능성, 독자적 개선 여지 등이 부족합니다. 민간기업이 기술을 이전받았다고 해서 곧바로 가격 경쟁력이 있는 발사체를 생산할 수는 없습니다. 비용을 줄이기 위한 설계, 공정 혁신, 협력사 다변화 등 전반적인 구조 개혁을 위한 권한과 자율성이 주어져야 합니다. 즉, 기술 이전은 단순한 이전이 아니라 시스템을 설계하고 부체계$^{\text{sub-system}}$[7]의 규격을 제시할 수 있을 정도의 실질적인 기술 이전이 돼야 합니다.

누리호는 애초에 국산 로켓 기술 확보를 위한 검증용 모델로 개발했습니다. 당시 국내 여건을 고려하면, 75톤급 엔진을 개발해서

---

[7] 체계를 구성하는 하부 체계로써 체계에서 하나의 독립된 기능을 수행하는 것을 말한다.

4기를 클러스터링해 1단에 300톤급 추진력을 구현한 방식은 기술적으로 매우 도전적인 일이었습니다. 실제로 누리호는 대한민국 우주발사체 기술의 시금석이라고 할 만한 성과입니다. 하지만 처음부터 상업 발사를 염두에 둔 설계가 아니었고, 비용 효율성보다는 기술 확보와 시험 검증이 우선이었다는 점이 문제입니다. 현재 누리호는 발사 비용이 많이 들고 경쟁력은 낮은 제품입니다. 그래서 해외 수요를 기대하기가 어렵고, 국내 수요에 한정된 형태로 발사 기회를 유지하는 상황에 처해 있습니다. 이런 방식은 장기적으로 지속하기 어렵다는 우려의 목소리가 나오는 이유입니다.

궁극적으로는 국내 기업이 스스로 시스템을 설계할 능력을 갖추는 것이 중요합니다. 예를 들어 미국의 발사체 업체들과 유럽의 아리안스페이스, 일본의 IHI 등은 자체적으로 발사체 시스템과 소프트웨어까지 포괄적 설계 능력을 보유하고 있지만, 현재 우리의 대표 기업인 한화에어로스페이스조차도 독자적으로 시스템 설계를 수행하기에는 역량이 아직 미비합니다. 시스템 설계 능력이 부족하다는 말은 곧 부체계에 관한 제안요청서를 작성하지 못한다는 의미입니다. 이것이 현재 우리나라 우주산업의 한계이자 반드시 극복해야 할 과제입니다.

심수연 우리 국방이 보유한 고체 발사체 기술은 민간으로 기술 이전을 할 수 있나요? 만약 가능하다면 언제, 어떤 방식으로 이루어져야 한다고 보시는지요?

박종승 최근 일본의 JAXA는 고체 추진 위성 발사체인 엡실론의 기술을 민간에 이전했습니다. 이후 민간기업이 2023년과 2024년 2차례 발사를 시도했으나 모두 실패했다고 알려졌습니다. 하지만 이 사례를 단순한 실패로 보기는 어렵습니다. JAXA와 민간기업 간의 역할 분담 구조가 기술 선순환 모델로 설정되어 있기 때문입니다. 기술 제공자인 JAXA의 실패 원인 분석 지원을 통해 이른 시일 안에 발사가 성공하리라고 판단합니다.

민간은 기존에 검증된 엡실론 발사체 기술을 이전받아 발사 서비스를 수행하고, JAXA는 발사 비용을 줄이기 위한 구조 최적화, 3D 프린팅 등 첨단 기술을 적용한 엡실론 성능 증가량 모델을 개발해 검증을 거친 후 민간에 다시 기술을 이전합니다. 즉, JAXA는 첨단 기술의 선도 개발자, 민간은 상업화 및 시장 운용자로 각각의 역할을 명확히 하는 구조입니다.

이와 유사하게 국방과학연구소 역시 이미 검증된 고체 추진 우주발사체 기술을 부설 기관인 민군협력진흥원의 민·군 기술 이전 과제를 통해 민간으로 이전하는 방식이 바람직합니다. 이 과정에서 국방과학연구소와 민간기업이 공동으로 추진기관 및 부품 설계, 조립, 통합 등을 시험하며 민간 기술자들이 실제 시스템 개발 경험을 축적할 수 있도록 해야 합니다.

국방과학연구소가 고도화한 고체 추진 발사체의 핵심 기술을 개발하고, 이를 다시 민간에 이전하는 선순환 구조를 구축한다면, 민간 우주산업의 경쟁력을 높이는 동시에 국가 전체의 기술 기반도 강화할 수 있을 겁니다. 이런 '국가-민간 상생형 기술 이전 모델'은 기술 보안, 성능 검증, 경제성 확보라는 세 가지 과제를 동시에 만족시키는 전략이 될 수 있습니다.

연구와 창업, 기술 이전의 선순환 구조

심수연 올드 스페이스 시대에는 정부 주도로 우주 개발이 이루어졌기 때문에 국방과학연구소와 한국항공우주연구원이 거의 모든 원천 기술을 보유하고 있는 것이 사실입니다. 우주 분야는 특히 국가 간 이전을 제한한 기술도 많습니다. 하지만 말씀하신 대로 국내에서는 조금 더 장벽을 낮춰서 조금 더 자유롭게 기술 이전을 할 수 있지 않을까 생각합니다. 지금도 국방과학연구소와 한국항공우주연구원 두 곳 모두 기술 이전 프로그램을 운영하고 있고, 이전 가능한 기술 목록도 공개되어 있습니다. 그렇다면 어떤 식으로 기술의 교류가 이루어지면 가장 효과적일까요?

박종승 정부가 보유한 기술의 민간 이전이 무엇보다도 중요하다고 생각합니다. 하지만 그 과정이 그리 원활하지는 않을 겁니다. 우선 이전 가능 기술의 목록화가 잘 되어 있지 않고, 심지어 개발한 기술을 이전하는 과정에서 기술을 보유한 정부 연구기관 소속 연구원들의 심리적 저항이 생길 수도 있는 상황입니다.

한화에어로스페이스가 제기했던 지식재산권 소송이 대표적인 사례입니다. 2024년 8월, 누리호의 뒤를 잇는 차세대 발사체 KSLV-Ⅲ의 지식재산권을 두고 일어난 한국항공우주연구원과 한화에어로스페이스의 갈등이 국가계약분쟁조정위원회에서 논의된 적이 있습니다. 한화에어로스페이스의 문제 제기로 국가를 당사자로 하는 계약 관련 분쟁이 있을 때 심사하고 조정하는 역할을 담당하는 기획재정부 산하 국가분쟁위원회에서 이 문제가 다뤄졌습니다. 한화에어로스페이스의 요구는 간단했습니다. 개발 과정에 함께 참여한 만큼 지식재산권을 공동으로 소유해야 한다는 주장이었습니다. 한화에어로스페이스 사례는 지금 우리나라가 '국가 주도의 올드 스페이스'에서 '민간 중심의 뉴 스페이스'로 전환하는 과도기에서 발생할 수 있는 갈등과 시험대라고 볼 수 있습니다.

기술 이전 문제는 참 어렵습니다. 이를 잘 해결하려면 우선 기술 목록화가 필요하고, 적극적인 기술 이전 노력도 있어야 합니다. 하지만 근원적으로는 기술을 보유한 연구개발 인력의 민간 쪽 이동도 필요해 보입니다. 우주 선진국이 되려면 그런 중심축의 이동이 필수라고 봅니다. 그리고 이를 정부의 정책으로 뒷받침할 수 있으면 좋겠습니다. 이는 앞으로 대한민국의 우주 생태계가 건강하게 성장해 나가기 위해 반드시 짚고 넘어가야 할 중요한 문제입니다.

최근 한국항공우주연구원 사례처럼 국가 연구기관 출신 인재들의 민간 창업 또는 이직 과정에서 발생하는 정보 유출 문제는 기술 보호와 산업 생태계 진입 촉진이라는 두 목표 사이에서 균형 있는 제도 설계가 필요함을 시사합니다. 예를 들어 기술 이전 인력 이동 및 기술·정보 등급에 따른 기술 이전 내용에 관한 가이드라인을 제정한다든지, 퇴직 전·후의 심사 절차를 마련한다든지, 기술 이전 시 사업계획서, 실적 공유 등을 포함한 투명한 협업 체계를 구축한다든지 등 여러 아이디어를 고려해 볼 필요가 있다고 봅니다.

이제는 무조건 금지하거나 무조건 허용하는 시대가 아닙니다. 핵심은 '기술 보호는 강화하되, 기술 이전은 더 적극적이어야 한다.'는 점입니다. 이직·창업의 투명성 확보, 정보 보호 조치, 명확한 경계 규정이 있다면, 국가 연구기관 인력도 민간에서 '국가 자산'으로 거듭날 수 있습니다.

심수연 기술 이전 시에 통상 실시권[8]이나 도면 등은 말씀하신 대로 사유화해서는 안 되고, 정해진 시스템 안에서 이전해야 할 문제라고 생각합니다. 또 다른 방식은 국책 연구원과 산업계의 문턱을 낮추는 일이 되겠습니다. 국책연구소 연구원들이 민간에서 창업한다든지, 아니면 업체에 파견 나가서 같이 일하는 방법도 있다고 생각합니다.

---

8) 특허권자가 제3자에게 특허 발명을 실시할 수 있도록 허락하는 권리를 말한다.

연구소에서 업체로 파견 시에 해당 업체에서 인센티브를 추가해 주는 방식도 생각해 볼 수 있겠습니다.

박종승 제도적으로 풀어 볼 문제라고 생각합니다. 앞서 말씀드린 내용의 연장선에서 기술 이전과 관련해 가장 중요한 점은 대기업이 정부출연 연구기관의 기술 가치를 제대로 인정해야 한다는 점입니다. 기술 이전은 단순한 기술 공유가 아닙니다. 연구기관이 오랜 시간과 자원을 들여 개발한 지식에는 정당한 대가를 지불해야 합니다. 그 비용은 해당 연구소가 아니라 국가 자산에 대한 보상이라는 인식이 필요합니다. 하지만 현재 일부 기업은 이런 가치를 충분히 인식하지 못하고 있어 보입니다. 이 부분은 개선해야 합니다.

또한 기술 이전이 자연스럽게 이루어지려면 단순히 '이전 가능한 기술 목록을 공개해 놓고 알아서 선택'하라는 방식으로는 한계가 있습니다. 기술을 실제 산업에 제대로 적용하게 하려면 이전 가능한 기술에 관한 설명과 적용 가능한 분야를 함께 제시해야 합니다. 그래야 기업들이 실질적인 기술 활용 방안을 고민하고, 적극적으로 참여할 수 있습니다.

코로나19 시기에 굉장히 인상적인 사례가 하나 있었습니다. 마스크 수요가 폭증하면서 생산업체들이 큰 어려움을 겪고 있었는데, 당시 삼성전자 이재용 부회장의 결단으로 공장 자동화 인력을 마스크 제조업체들에 파견해 생산성을 약 30%가량 끌어올렸던 일이 있었습니다. 국민을 위한 일이기도 했지만, 그 일은 마스크를 제작하는 중소기업들에 제조 현장 자동화의 경험과 노하우를 축적하는 계기가 됐습니다.

이와 같은 방식은 우주산업 분야에도 충분히 적용할 수 있다고 봅니다. 예를 들어 중소기업의 역량이 부족한 부분에 연구소의 전문가를 파견할 수 있도록 정부가 지원해 주는 식으로 제도화하는 방법도 충분히 가능하다고 생각합니다.

심수연 정리하자면, 시스템 바깥에서 기술을 사유화하려는 시도는 짚고 넘어갈 필요가 있지만, 명확한 가이드라인과 시스템은 반드시 필요하다는 말씀입니다. 저도 공무원 면직 시 취업 심사와 관련해서 체크해야 하는 목록이 있었습니다. 스크리닝 절차가 확실히 마련되어 있다면 연구원들이 국책 연구기관에서든 민간에서든 불안감이나 불확실성 없이 연구에 전념할 수 있겠습니다. 최근의 사례도 이런 계기로 삼아야 하지 않을까 합니다.

박종승 현재 우리나라 기술 이전 제도의 가장 큰 문제점 중 하나는 국내 이전보다 해외 이전이 오히려 수월하다는 점입니다. 국책 연구기관 소속 연구원이 해외로 진출하는 데는 별다른 제약이 없지만, 국내 민간기업으로의 이직에는 여러 제한이 따릅니다. 이는 기술 유출의 관점에서도 이해하기 어려운 구조입니다. 해외 유출은 국가 안보와 산업 경쟁력 측면에서 훨씬 더 심각한 사안인데도 규제는 국내 이동에 집중되어 있습니다. 따라서 등급화한 기술 정보와 보안 수준에 따라 기술 이전과 인력 이동을 구분하고, 이에 따른 명확한 가이드라인을 마련할 필요가 있습니다. 예를 들어 민감도가 높은 기술에 대해서는 이전 심사 절차를 명확히 하고, 퇴직 전후 취업 심사 같은 제도도 강화해야 합니다. 하지만 일정 수준 이하의 기술은 더 유연하게 이전할 수 있도록 제도 정비가 필요합니다.

가장 이상적인 방식은 국책 연구기관 연구원들의 창업 유도입니다. 창업은 기술 이전의 자유도를 높이면서도 기술이 민간에서 실질적인 산업화로 이어질 수 있는 가장 현실적인 방안입니다. 특히 국방·우주 분야처럼 고위험·고기술 분야에서는 기술을 보유한 연구자가 직접 창업해 리더십을 갖는 방식이 사업화 가능성을 크게 높이는 길입니다.

중국의 사례는 시사점이 큽니다. 중국 항천공사와 같은 국책 우주기관에서 일하던 연구자들이 창업을 통해 민간 우주산업에 진출하며 생태계를 빠르게 확대하고 있습니다. 정부는 자금을 지원하고, 기술이 시장에서 작동하도록 제도적 장치를 마련했습니다. 사회주의 체제인데도 창업을 통한 시장경제 활성화에 전폭적으로 지원하고 있습니다.

반면, 우리나라는 '알아서 해 봐라.'라는 식의 인식 부족과 지원 부족으로 연구자들이 창업 이후에도 쉽게 고립됩니다. 지금은 연구개발 중심의 제도를 산업화 중심의 제도로 전환해야 할 시기입니다. 기술은 실험실에서 끝나지 않고 시장에서 사용돼야 진짜 가치가 생갑니다. 연구와 창업, 기술 이전을 유기적으로 연결한 선순환 구조를 만들려면 제도적 혁신이 절실합니다.

4장

우주 아키텍처와 감시 체계를 구축하자

감시정찰, 통신, 전력 투사, 전장 통제까지 우주 기반 기술은 현대 국방의 핵심이다. 대한민국도 우주전을 대비하기 위한 체계를 어떻게 설계해야 할지 구체적으로 고민해야 한다. '우주 아키텍처'란 감시, 통신, 명령 통제, 우주 기반 정보 자산 등 국방 관련 모든 요소를 통합한 구조다. 이를 통해 위성, 센서, 지상국, 통제 시스템이 유기적으로 작동하며, 적시에 정확한 정보를 제공하고, 대응 능력을 확보할 수 있다.

현재 대한민국은 위성 수가 부족하고 이렇다 할 감시망이 많이 부족한 상황이다. 따라서 감시 영역의 확대, 통신의 안정성 강화, 정찰 정보의 실시간 공유 시스템 구축 등이 시급하다. 특히 이 과정에서 민간 기술, 상용 위성, 국제 협력이 중요한 요소로 부각된다. 민간의 기술 수준은 일부 분야에서 국방을 앞서기 시작했고, 이를 적극적으로 도입하는 것이 안보 역량을 높이는 길이다. 단순히 '기술 확보'가 아니라 '전략적 통합'을 통해 우주 안보를 실현하는 청사진을 마련해야 한다. 미래의 전장은 우주에서 시작되며, 대비하지 않으면 뒤쳐진다.

우주 아키텍처, 통합이 중요하다

국방 우주 아키텍처를 어떻게 마련할 것인가

심수연 우리나라에 필요한 국방 우주 아키텍처 로드맵에 관해 들어보고 싶습니다. 그동안 일반적인 무기 체계는 시스템 수준의 로드맵을 통해 발전 방향성을 정리해 왔는데, 우주는 그와 다르게 국방 우주 아키텍처가 필요하다고 말씀하신 적이 있습니다. 그렇게 생각하시게 된 배경이 있나요?

박종승 '국방 우주 아키텍처'라는 용어는 일반 대중에게 다소 생소하게 들릴 수 있습니다. 우리나라에서는 지금까지 감시정찰 위성, 저궤도 통신 위성, 정지궤도 통신 위성 등 각 우주 체계를 개별적으로 분리해서 접근하는 방식이 주를 이루었습니다. 하지만 이제는 이들 각각을 개별적으로 보기보다 하나의 통합된 시각으로 바라보는 접근이 필요합니다. 즉, 우주 전력을 단일 위성 단위가 아니라 전체 체계의 일부로 보고, 상호 연계와 구조화 속에서 최적화한 운용이 가능하도록 설계하는 것이 중요합니다. 이런 접근이 바로 '국방 우주 아키텍처'라는 개념입니다.

사실 '국방 우주 아키텍처'라는 개념은 미국에서 먼저 제시한 개념입니다. 쉽게 설명하자면, 우주 전력을 개별 시스템이 아니라 상위 수준에서 통합적으로 바라보는 톱다운 방식의 시각입니다. 즉, 감시정찰, 통신, 기상, 항법, 신호정보 등 다양한 목적의 위성들을 각각 독립적으로 개발하고 배치하는 방식이 아니라 전체적인 작전 개념과 작전 환경 속에서 어떻게 최적으로 배치하고 연계할지를 설계하는 구조입니다.

이런 방식은 '시스템 오브 시스템System of Systems' 접근으로 볼 수 있습니다. 예를 들어 저궤도, 중궤도, 정지궤도에서 기상 위성, 신호정보 위성, 통신 위성 등이 각각 어떤 역할을 하고, 어떤 위치에 배치돼야 하는지 전체적으로 구성하고 조율하는 것이 바로 국방 우주 아키텍처의 핵심입니다. 이처럼 단순히 위성과 발사체, 지상국을 나열하는 수준이 아니라 위성 체계와 운용 체계, 정보 활용 체계를 모두 아우르는 전반적인 작전 구조를 설계해야 하기 때문에 '아키텍처'라는 용어를 사용합니다. 이 개념은 국방 분야에서 먼저 발전해

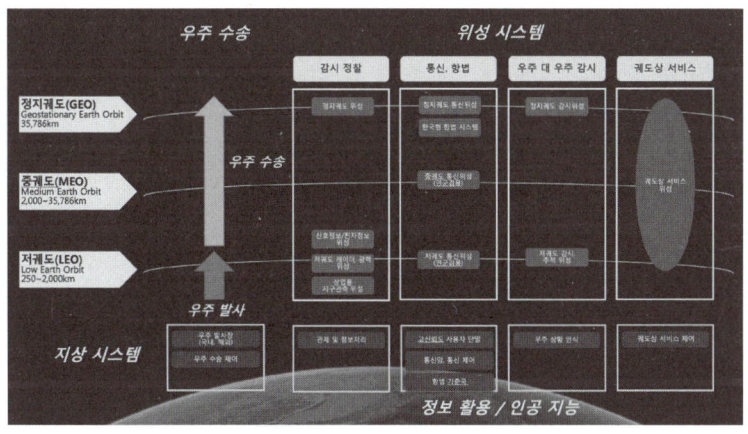

〈그림 4-1〉 국방 우주 아키텍처 (출처: 박종승)

왔습니다.

심수연 그렇다면 국방 우주 아키텍처를 구축하는 목적은 무엇입니까?

박종승 앞서 말씀드린 대로 우리나라가 국방 우주 아키텍처를 구축해야 하는 이유는 단순히 위성을 개발하고 발사하기 위해서가 아닙니다. 우리 안보 환경에 적합한 국방 우주력의 큰 그림을 그리겠다는 의미입니다. 이 과정에서 우리가 반드시 고려해야 할 부분은 세계 우주산업의 발전 방향, 미래 기술 방향, 그리고 우리의 국력과 경제 여건을 종합적으로 반영한 계획이어야 한다는 점입니다. 미국처럼 모든 우주 능력을 독자적으로 확보하기가 현실적으로 어려운 만큼 우리는 우리만의 전략적 우선순위와 선택에 기반을 둔 국방 우주 아키텍처가 필요합니다. 이 아키텍처를 제대로 수립하려면 위성, 발사체, 지상국, 우주 정보 활용 등 전 분야에 걸쳐 통합적인 개발 전략과 세부 발전 로드맵을 갖춰야 하고, 이를 위한 기본적인 프레임과 운영 개념 정립이 선행돼야 합니다.

심수연 그러면 말씀하신 국방 우주 아키텍처를 잘 구축하기 위해 현재 우리나라에 가장 필요하다고 생각하는 능력은 무엇인지요?

박종승 개인적으로 국방 우주력 확보를 위해 반드시 갖춰야 할 여섯 가지 핵심 능력이 있다고 봅니다.

첫째, 감시정찰, 통신, 항법 등 통합적이고 다차원적인 작전을 지원할 수 있는 '우주 정보 지원 능력'입니다. 이는 작전 환경 전반에 걸쳐 실시간 상황 인식과 명령 통제를 가능하게 하는 핵심 기반입니다.

둘째, 동맹국과의 협력을 포함해 우주 내 안보 자산을 인식할 수 있는 '우주 영역 인식' 능력입니다. 이를 위해서는 우주 감시 레이더 등 다양한 센서 기반의 탐지 시스템이 필요합니다.

셋째, 우리의 우주 전력과 자산을 신속하고 경제적으로 우주로 수송할 수 있는 '우주 전력 투사 능력'입니다. 발사체 능력뿐 아니라 발사 인프라, 재사용 기술 등을 포함한 종합적 수송 체계를 의미합니다.

넷째, 우리의 우주자산을 보호하는 동시에 적성국(enemy states)의 우주 능력을 통제하거나 제한할 수 있는 '우주 통제 능력'입니다. 이는 위성 보호뿐만 아니라 상대의 위성 운용을 억제하는 능력까지 포함합니다.

다섯째, 우주로부터 생성한 데이터를 통합하고 분석해서 고부가가치 정보로 재가공하고 활용할 수 있는 '우주 정보 활용 능력'입니다. 이는 작전 지휘는 물론 전략적 의사결정의 기반이 됩니다.

여섯째, 국방 우주력의 운용을 위한 합리적 보안 체계 수립과 적성국의 사이버 공격에 대비한 '우주 사이버 보안 능력'입니다. 이는 정보기술과 우주기술이 융합하는 시대에 필수적으로 갖춰야 할 요소입니다.

이를 실현하기 위해서는 앞서 제시한 여섯 가지 핵심 역량 외에도 반드시 확보해야 할 부수적 역량도 존재합니다.

첫째, 국방 우주 전력의 획득은 단순히 개발 중심이어서는 안 됩니다. 경제성과 효율성을 기반으로 해야 합니다. 특히 빠르게 변화하는 기술 발전 속도를 고려할 때, 초기부터 완성형 체계를 구축하려 하기보다는 기술 성숙도에 따라 단계적으로 발전시켜 나가는 유연한 획득 정책과 절차가 필요합니다. 이를 통해 예산 낭비를 줄이고, 실효성 있는 우주 전력을 신속히 확보할 수 있습니다.

둘째, 상업성이 존재하는 우주 체계에 대해서는 이중 용도 기반의 접근이 필요합니다. 수요는 국방에서 발생하더라도 공급은 민간이 주도할 수 있는 구조, 즉 '한국형 뉴 스페이스 전략'을 통해 지속 가능한 우주산업화의 기반을 동시에 구축해야 합니다.

셋째, 정찰·정보 수집 등 전략적 목적의 비공개 임무(비닉 영역) 수행, 또는 상업적 수익 창출이 어려운 분야(비익 영역)[1]는 정부가 책임지고 독자적인 기술 확보에 나서야 합니다. 특히 감시정찰 및 신호정보와 같은 핵심 분야는 민간과 병행하되, 국가의 주도적 개발 역량을 반드시 확보해야 합니다.

심수연 제가 듣기로는 미국 우주군의 우주 수송, 우주 물류 부분의 구상이 우리가 생각하는 지점과 유사한 목적을 가지고 있다고 합니다. 이참에 미국 우주군의 개념도 약간 소개해 주시면 좋겠습니다.

박종승 미국 우주군이 만들어진지는 4~5년 정도 된 듯합니다. 우주군 자료를 한 번 접해 본 적이 있는데, 그중 기억나는 부분은 우주 기동성 및 물류 생태계 비전 Space Mobility & Logistics Ecosystem Vision 이었습니다. 그림은 상당히 복잡하게 구성되어 있었으나, 그 핵심은 모듈화 설계를 통한 '불멸의 우주선 Immortal Spacecraft' 구현, 연료 재보급, 자율 랑데부, 근접운용/도킹 기술을 활용한 우주 기동 능력 확보, 민간 주도의 우주 능력 지원 및 양성입니다. 요약하면 우주 기반 연료 공급, 수리, 재보급, 궤도 재배치 등을 위한 인프라 확보 등을 가능하게 해서 우주자산의 수명을 획기적으로 연장하는 우주 내 물류 체계를 민간과 함께 구축하자는 내용입니다.

---

[1] 국방 분야에서 자주 사용하는 용어로 비닉은 비밀스럽게 감춘다는 의미고, 비익은 이익을 추구하지 않는다는 의미다.

불과 얼마 전까지만 해도 위성 수명을 연장하는 개념, 즉 모듈화 설계나 연료 재보급 같은 기술을 현실적으로 고려하지 못했습니다. 지금까지는 위성에 탑재한 연료를 다 소진하면 위성의 임무는 종료되고, 수년마다 새로운 위성을 다시 발사해야 했습니다. 이 과정은 막대한 비용과 시간, 운용 공백을 동반합니다.

그러나 최근 미국을 비롯한 우주 선진국들은 우주 기동성과 물류 생태계라는 개념을 바탕으로 우주에서도 지속 가능한 작전을 수행할 수 있도록 시스템을 전환해 가고 있습니다. 그 핵심은 바로 연료 재보급 기술과 이를 뒷받침하는 정밀 랑데부 및 도킹 기술입니다. '랑데부'는 위성과 정확히 궤도를 맞춰 접근하는 기술이고, '도킹'은 위성과 물리적으로 결합하는 기술입니다. 공중급유기가 전투기에 연료를 공급하듯 위성에 우주 연료 유닛을 도킹해 연료를 재보급할 수 있다면, 위성의 수명을 획기적으로 늘릴 수 있습니다.

현재 우리나라는 위성 발사도 이제 막 시작한 단계지만, 이런 기술을 미리 준비하지 않으면 앞으로 우주기술 경쟁에서 뒤처질 수밖에 없습니다. 지금이 바로 장기적 관점에서 도전적 기술을 준비해야 할 시점입니다. 최근 국방과학연구소 주관으로 미래 우주기술 확보를 위한 연구가 진행되고 있다는 점은 매우 고무적인 일입니다. 다만, 이런 연구를 더욱 본격적이고 체계적으로 확대해야 한다고 생각합니다. 특히 우주 스타트업들이 기술적 도전 과제를 해결해 나가면서 동기를 얻고, 이를 통해 성장할 수 있도록 국가 차원의 지원 체계를 마련할 필요가 있습니다. 이 분야는 기술적 잠재력뿐만 아니라 전략적 가치도 매우 크기 때문에 정부 예산의 적극적인 뒷받침이 필수입니다.

심수연 말씀 중에 '불멸의 우주선'을 언급하셨는데, 그것이 무슨 의미인지 간단히 설명해 주실 수 있을까요?

박종승 간단히 말해 위성은 지금까지 대부분 독립적으로 발사해 단독으로 작동하고, 극한의 우주 환경 때문에 수명이 굉장히 제한적이었습니다. 하지만 최근에는 우주 내 연료 보급, 수리, 업그레이드, 조립과 제조를 의미하는 'OSAM On-Orbit Servicing, Assembly, & Manufacturing' 기술의 발전으로 궤도 위성의 유지보수와 성능 향상이 가능해졌습니다. 이것이 바로 이른바 '불멸의 우주선' 개념입니다. 이는 모듈화 설계를 기반으로 합니다. 필요 없는 부품은 폐기하고, 새로운 부품은 교체하는 방식으로 위성의 수명을 연장할 뿐만 아니라 기능을 점진적으로 진화시킬 수 있다고 보면 됩니다.

민간의 혁신을 국방에도 도입하라

심수연 미국 국방부가 최근 국방 맞춤형 폐쇄형 우주 전략에서 상업용 우주 통합 전략 Commercial Space Integration Strategy으로의 전환을 발표했습니다. 이 변화가 갖는 의미는 무엇일까요?

박종승 최근 전 세계적으로 우주 경쟁이 가속하는 시점에서 미국 국방부는 민간기업의 우주 개발 참여를 독려할 목적으로 국가 안보에 상업용 우주기술을 적극적으로 활용하는 상업용 우주 통합 전략을 발표했습니다. 그동안 미국의 국방 우주 체계는 상용 기술보다 국방 우주 전략에 맞춤형으로 설계된 우주기술과 시스템을 선호해 왔습니다. 그 결과로 국방부 내 상업용 기술의 도입을 꺼리는 문화와 절차 등이 발생해 민간기업의 국가 안보 시장 진출이 어려운 실정이었습니다. 하지만 이번 발표를 통해 민간 주도의 상업적 솔루션과 국방 시스템과의 통합이 필수임을 강조했다는 점에서 큰 의미가 있습니다. 이는 곧 민간이 개발한 혁신적 우주기술을 국방에 적극적으로 적용하려는 시도로 민간 주도 우주 개발이 국방의 특수성에도 불구하고 보편화하는 추세임을 엿볼 수 있습니다.

심수연 그 내용을 살펴보면, 국가 안보 영역별로 협력 분야를 구체화했다고 하는데 어떤 전략을 수립했을까요?

박종승 미국 국방부에서는 주요 전략과 함께 국가 안보 영역별로 정부 기술 주도, 민간 기술 주도, 정부-민간 하이브리드 형태의 기술 개발 추진 전략을 각각 제시했습니다.

정부 기술 주도는 전력 투사, 명령 및 통제, 전자전, 미사일 경보, 핵폭발 탐지, 위치 항법 및 시간 정보와 같은 기술 개발 전반을 정부

미국 국방부의 국가 안보 영역별 기술 개발 추진 전략

1	전투력 투사	정부 주도
2	명령 및 통제^{C2}	정부 주도
3	사이버 공간 작전	정부 + 민간 하이브리드
4	전자전^{EW}	정부 주도
5	환경 모니터링^{EM}	정부 + 민간 하이브리드
6	정보, 감시정찰^{ISR}	정부 + 민간 하이브리드
7	미사일 경보^{MW}	정부 주도
8	핵폭발 탐지^{NUDET}	정부 주도
9	위치, 항법 및 시간 정보^{PNT}	정부 주도
10	우주 궤도 투입, 운송 서비스^{SAML}	민간 주도
11	위성통신^{SATCOM}	정부 + 민간 하이브리드
12	우주 상황 인식^{SDA}	정부 + 민간 하이브리드
13	우주비행체 운용	정부 + 민간 하이브리드

* 정부 주도(Government Primary Mission Areas)
- 기술 개발 전반을 정부가 주도하나, 일정 부분 민간 참여가 가능한 형태로 추진
- 주로 정부 수요에 의해 개발되며, 민간 시장에서의 활용이 제한적인 기술 대상 추진

* 정부 + 민간 하이브리드(Hybrid Mission Areas)
- 정부와 민간의 기술력, 개발·운용 인프라 등을 활용하여 정부와 민간 상호 협력하에 기술 개발 추진
- 민간이 보유한 선진 기술을 정부가 적극적으로 활용할 수 있는 기술 개발 추진 방식

* 민간 기술 주도(Commercial Primary Mission Areas)
- 기술 개발 전반을 민간이 주도하나, 일정 부분 정부가 참여하는 형태로 추진
- 민간 우주기술의 국가 안보 분야 적용에 있어서 기술 성숙도 및 임무 보증에 대한 정부의 요구도 충족이 가능한 분야 대상으로 실시

〈표 4-1〉 미국 국방부의 국가 안보 영역별 기술 개발 추진 전략 (출처: 미국 국방부)

가 주도한다는 의미입니다. 일정 부분 민간 참여가 가능할 수도 있으나 주로 정부 수요에 맞춰 개발되며 민간 시장에서의 활용이 제한적인 기술을 대상으로 추진하겠다는 계획입니다.

민간 기술 주도는 정부 주도 기술과 반대 개념의 개발 주체로 추

진한다는 의미입니다. 우주 궤도 투입, 운용 서비스와 같이 민간 우주기술의 국가 안보 분야 적용 시에 기술 성숙도 및 임무 보증에 대한 정부의 요구도 충족이 가능한 분야가 대상입니다.

정부-민간 하이브리드 형태는 감시정찰, 사이버 작전, 환경 모니터링, 우주비행체 운용, 우주 상황 인식, 우주 영역 인식 분야 기술과 같이 정부와 민간의 기술력, 개발 및 운용 인프라 등을 활용해서 정부와 민간이 상호 협력해 기술 개발을 추진하는 방식입니다. 민간이 보유한 선진 기술을 정부가 적극적으로 활용할 수 있는 기술 개발 추진 방식이기도 합니다. 미국 우주군의 우주 전쟁 영역에서 혁신과 급속한 발전을 위해 정부 차원에서 적극적으로 제도 변화에 나선 사례로 볼 수 있습니다.

심수연 이런 미국 국방부의 전략 수정이 우리에게 주는 시사점은 무엇이 있을까요?

박종승 미국 국방부의 상업용 우주 통합 전략은 그동안 국방의 특수성 때문에 폐쇄성에 기반을 뒀던 국방 우주 무기 체계를 이제 개방형으로 대전환을 시도하는 중입니다. 우리나라의 우주 개발도 국방이라는 특수성에 기대어 몇몇 특정 체계 업체만 살아남는 방식이 지속된다면 혁신 경쟁은 사라질 겁니다. 미국 국방부가 폐쇄형에서 개방형으로 대전환한 점을 참고해 미래 우주 전장에서 경쟁력을 갖출 수 있는 국방 우주 개발 전략 수립에 관한 고민이 필요합니다.

심수연 미국 국방부의 상업용 우주 통합 전략에서 구분했듯이 우리나라도 영역별로 민, 군, 하이브리드와 같이 구분해 볼 수 있을까요?

박종승 이 문제는 정책 차원에서 깊이 고민해야 할 사안입니다. 미국의 전략은 그들의 산업구조와 제도적 여건에 맞춰 구성했기 때문에 우리나라에 그대로 적용할 수 있을지에 대해서는 면밀한 검토가 필요합니다. 우리 현실에 맞는 정책적 판단과 제도 설계가 반드시 뒤따라야 하며, 미국 사례는 하나의 참고 모델로 삼아야겠습니다. 그러면서 우리 생태계의 특성과 수준, 민간의 준비 정도를 종합적으로 고려해 적용 여부를 판단해야 합니다.

우선 정부는 아키텍처 설계와 그에 따른 체계적 획득 전략에 집중해야 합니다. 예를 들어 감시정찰, 위성통신, 신호정보 위성, 저궤도 위성, 우주 방어 자산, 항법 위성, 그리고 정지궤도 통신 위성까지 국가가 보유해야 할 우주자산의 전체 체계를 종합적으로 설계할 필요가 있습니다. 특히 우리 위성을 적대국의 위성으로부터 보호할 수 있는 우주 방어 체계까지도 고려해야 합니다. 이런 아키텍처를 기반으로 어떤 영역은 국가가 책임지고, 어떤 영역은 민간이 수행할지 구분하는 전략이 필요합니다.

예를 들어 정지궤도 위성과 같은 대형 위성은 대량 발사 수요가 없기 때문에 국가 주도로 개발하되, 소형 저궤도 위성과 같이 경제성이 높은 분야는 민간 주도로 활성화하는 방식을 고려해 볼 수 있습니다.

미국도 안보와 관련한 위성은 여전히 정부가 직접 조달합니다. 감시정찰, 신호정보 위성과 같은 민감한 분야는 정보기관이 보안 계약을 통해 대기업에 발사체 제작을 맡기고, 군 기지에서 비밀리에 발사합니다. 미국 정부 역시 민간과의 협력을 추진하면서도 국가 안보에 필요한 위성은 확실히 직접 통제합니다. 정부의 연구개발은 반드시 비닉·비익 기술과 같이 민간이 감당하기 어려운 전략적 핵심 기술 개발에 집중해야 합니다. 민간은 상업성이 높은 기술, 특히 이중 용도 기술에 집중해야 합니다. 특히 저궤도 위성은 세계적인 경향을 보면 민간 참여가 확대되고 있으므로 국가가 수요를 견인하고 민간이 개발과 운용을 맡을 수 있도록 정책적으로 지원해야 합니다. 또한 위성에 들어가는 핵심 부품 역시 민간기업이 국산화를 주도할 수 있도록 유도해야 합니다.

앞으로는 이런 방향을 실행할 수 있는 구체적 정책과 제도 정비가 정부의 과제로 이어져야 합니다. 이제는 민간 주도의 우주산업 생태계가 자리 잡을 수 있도록 정부가 방향을 설정하고 뒷받침할 시점입니다. 정부와 민간의 역할 분담은 다음과 같이 요약할 수 있습니다.

정부는 앞으로 우주 체계 아키텍처 설계와 이를 기반으로 한 획득 전략에 집중해야 합니다. 국가 안보와 중장기 전략 목표를 달성하기 위한 큰 틀의 구조 설계와 체계적인 자산 확보는 여전히 정부가 주도해야 할 핵심 영역입니다. 이는 민간이 맡기 어려운 전략적 기능이자 국가 차원의 일관성과 지속 가능성을 담보하는 역할이기도 합니다.

특히 국방 분야에 있어 정부의 역할은 더욱 명확해져야 합니다. 감시정찰, 통신 등 국방 우주자산의 운용과 이를 통한 실시간 정보 활용은 전시뿐만 아니라 평시에도 국가 안보의 기반을 구성하는 핵심 요소입니다. 이런 기능은 단순히 기술 확보를 넘어서 작전 개념에 맞춘 통합적 운용과 정보 활용 체계로 이어져야 하며, 이는 반드시 정부가 독자적으로 책임지고 수행해야 할 분야입니다.

정부와 민간이 각각 맡아야 할 역할을 구분할 때, 세 가지 기준으로 나누어서 볼 수 있다고 생각합니다. 첫째는 비닉, 즉 보안성과 기밀성이 매우 높은 영역은 정부 주도로 관리해야 합니다. 비닉 영역은 우리나라의 우주자산을 보호할 수 있는 기술들이라 대외적으로 공개해서 될 일이 아닙니다. 미국도 마찬가지로 국가가 주도하고 있습니다.

둘째는 비익 영역입니다. 즉, 단기적으로 경제적 수익성이 낮거나 민간이 투자하기 어려운 기술입니다. 대표적으로 전략적 가치가 있으나 시장성이 부족한 분야입니다. 이 역시 정부의 주도적인 투자와 개발이 필요합니다.

셋째는 전략 기술입니다. 이는 국가 경쟁력 확보에 필수인 핵심 기술로 민간에서 자연스럽게 확보하기 어려운 만큼 정부가 주도해 안정적으로 확보하고 육성해야 할 분야입니다.

반면, 상업성이 있는 이중 용도 우주 체계나 기술에 대해서는 지속 가능한 비즈니스 모델을 기반으로 민간의 창의성과 시장 경쟁력을 최대한 활용해야 합니다. 정부는 이런 분야에서 수요자로서 방향을 제시하고, 민간이 공급자로서 자유롭게 경쟁할 수 있는 환경을 만들어 주는 역할을 해야 합니다. 그러면 민간기업은 혁신을 이끌어 낼 수 있습니다.

국내 위성 기업인 쎄트렉아이 대표와 이야기를 나눌 기회가 최근에 있었습니다. 쎄트렉아이는 EO/IR 관측 위성 기술 부문에서 글로벌 경쟁력을 갖춘 우주기업입니다. 대표에게 "이른 시일 안에 25cm급 해상도를 갖춘 위성을 성공적으로 발사할 수 있었던 원동력이 무엇입니까?"라고 물었더니, "생존하려고 죽기 살기로 했기 때문입니다. 정말 절실했습니다."라고 답변했습니다. 기업은 이익을 내야 해서 연구 목적으로 위성을 만드는 국책 연구기관과는 시간과 재원을 대하는 태도가 완전히 다름을 느꼈습니다. 혁신은 이런 절박함을 통해 만들어집니다. 우리가 바라는 우주산업을 육성하기 위해 필요한 선순환 구조 역시 이런 과정을 통해 만들어집니다.

심수연 팔란티어의 CTO 샴 샹카의 〈The Defense Reformation〉 보고서에 언급된 대로 국방 분야의 진입 장벽이 높고, 의사결정이 느리다는 점도 사실입니다.

박종승 그렇습니다. 국내 국방 무기 체계의 중장기 수요 도출, 탐색 개발, 체계 개발 절차에 따라 10년 이상의 기간이 소요되는 기존 국방 개발 프로세스로는 1년 단위로 빠르게 변화하는 해외 우주기술 선진국과의 기술 격차를 줄이기가 현실적으로 불가능합니다. 항상 추격형 우주 개발에 머무를 수밖에 없어 선도형 우주 개발을 위한 제도적 보완이 절실히 필요한 시점입니다.

국내에도 변화의 조짐이 있습니다. 2019년 방위사업청 미래도전 기술 개발 사업을 통해 초소형 SAR 위성을 민간 주도로 개발한 것이 좋은 사례입니다. 미래 안보 환경에 대한 효과적인 대응 및 국내 초소형 SAR 위성군 체계 독자개발 기반 구축을 목표로 4년의 연구 기간, 200억 원 정도의 예산으로 초소형 SAR 위성 S-STEP$^{Small\ SAR\ Technology\ Experimental\ Project}$을 개발했습니다. 그리고 2023년 12월 성공적인 발사 및 궤도 운용을 통해 당시 스트립맵^{Stripmap} 관측 모드에서 1m급 해상도 영상 획득에 성공했습니다. 이는 국내 국방 분야에서 시행한 최초의 민간 주도 위성 개발 사업으로 위성용 SAR 탑재체 핵심 기술 및 체계 개발 역량을 확보했으며, 개발 성과를 통해 '군집 초소형 SAR 위성 개발' 다부처 사업의 후속 사업화에 공헌한 바가 크다고 봅니다.

특히 이 사업은 대학교수직을 겸임하는 민간인 전문가 PM$^{Project\ Manager}$과 민간기업이 기술 개발을 수행했고, 개발 요구조건 수립 단계에서부터 수요자인 군과의 협의를 통해 도출한 사양을 기반으로 개발을 진행했습니다. 당시 체계를 담당했던 기업은 위성 체계 개발

이력이 전무했으나, 4년이라는 짧은 기간에 체계 개발 역량을 갖춘 기업으로 성장해 국내 민간기업 간 선의의 경쟁 구도를 형성하는 데 상당한 기여를 했습니다. 무엇보다도 국내 첫 민간 주도 개발의 가능성을 보여 줬다는 점이 가장 큰 의의라 할 수 있습니다.

그러나 이와 같이 혁신적인 제도가 만들어 낸 기술 개발 성과가 있는데도 사업 성과가 홍보되지 못하고, 후속 과제 발굴 및 추진도 전무한 상태입니다. 따라서 이런 사례를 바탕으로 정부에서는 미래 도전 사업과 같은 성과에 기반을 둔 후속 사업을 창출하고 우수한 아이디어와 기술력이 있는 잠재력 있는 민간기업에 더 많은 기회를 제공해야 합니다. 그렇게 해서 선의의 경쟁 속에 국내 산업체가 동반 성장할 수 있는 제도적 틀을 마련해야 합니다. 이를 통해 추격형에서 선도형 우주기술 개발로의 전환을 위한 초석을 마련해 갈 수 있다고 생각합니다.

해외로 눈을 돌리면 미국의 스타트업인 움브라^{Umbra}는 68kg의 SAR 위성으로 16cm급의 초해상도 SAR 영상을 제공하고 있으며, 미국 국방부에서는 이에 관한 후속 과제로 지상의 이동형 타겟 탐지를 위한 SAR 시스템 계약을 체결해 현재 시스템 개발이 진행 중입니다. 움브라를 비롯한 많은 스타트업은 초기 모델을 신속하게 개발하고 궤도상에서 기술 검증 및 시연을 통해 부족한 기술을 지속해서 보완해 가며 고성능의 차세대 소형 위성들을 연이어 선보이고 있습니다.

국방 우주력 건설의 우선순위를 정하라

심수연 국방 우주력 건설에서 우선순위는 어떻게 정해야 할까요?

박종승 안보 측면에서 가장 시급하고 중요한 과제는 여전히 '3축 체계'의 완성입니다. 이 가운데 정밀 타격 능력을 담당하는 현무 계열 미사일은 이미 세계적인 수준에 도달했다고 평가받습니다. 하지만 감시정찰 역량은 아직 미흡한 것이 현실입니다. 이런 격차를 해소하기 위한 핵심 사업이 바로 EO/IR 및 SAR 위성을 확보하는 '425사업'입니다. 현재까지의 진행 상황을 보면, 2025년 안에 계획한 목표는 대부분 달성될 것으로 전망합니다. 다만, 향후 위성 운용 과정에서는 재방문 주기 단축이 중요한 과제가 될 겁니다. 이를 보완하려면 소형 EO/IR 및 SAR 소형 위성 체계를 추가로 도입할 필요가 있습니다. 다수의 소형 위성을 운용함으로써 감시 간격을 줄이고, 전체 감시망의 생존성과 운용 유연성을 크게 높일 수 있기 때문입니다. 이런 방향은 3축 체계의 실효성을 높이는 데도 크게 기여할 것으로 기대합니다.

두 번째는 저궤도 통신 위성 체계를 확보해야 합니다. 미국의 스타링크나 중국의 G60처럼 우리도 저궤도 통신 위성에 관심을 가져야 합니다. 안보적 측면도 중요하지만, 6G 사회로 전환하기 위해서도 이는 필수입니다. 이 부분은 국제적인 협력 기반도 필요합니다.

세 번째는 우리 수준에 맞는 '우주 수송 및 물류 능력'의 확보입

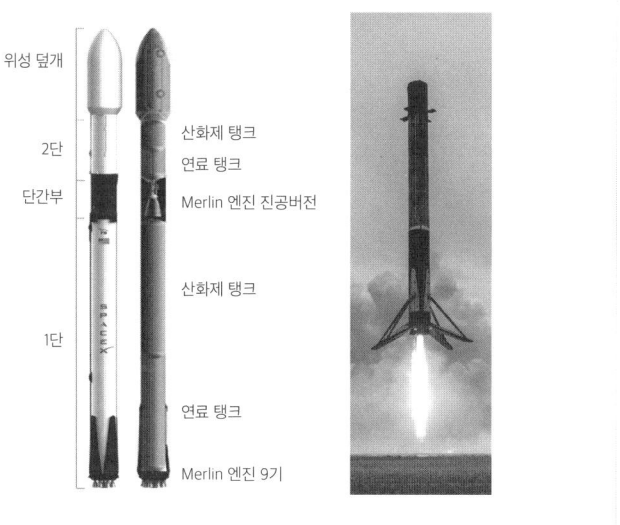

〈그림 4-2〉 스페이스X의 대표 모델 팰컨-9의 구조 (출처: 스페이스X 홈페이지 홍보 자료)

니다. 재사용 발사체는 분명 장기적으로 중요한 자산입니다. 하지만 우리 현실에 맞는 발사체 전략, 즉 단기적으로는 고체 발사체와 소형 액체 발사체를 병행해서 발전시키고, 중장기적으로는 단계적으로 재사용 기술을 확보하는 등 위험 분산과 전략적 선택이 필요한 시점입니다. 이 주제는 단순한 기술 선택의 문제가 아니라 국가의 우주 진출 전략과 산업 생태계 조성 방식에 직결된 사안으로 국가 차원의 공론화와 중장기적 로드맵 수립이 반드시 필요합니다.

네 번째는 발사장 인프라에 대한 전략적 재고가 필요합니다. 현재 고흥 나로우주기지는 우리의 유일한 국가 발사장으로 기능하고 있으나, 안전 확보 및 비행 경로의 유연성을 고려한 발사장 추가 확보가 필요한 상황입니다. 일본의 다네가시마 발사장이나 중국의 하이난 발사장과 비교해 보면, 우리는 동북아의 다른 경쟁국 대비 발사장 위치가 가장 불리한 조건입니다. 더욱이 중국은 내륙과 해안 등 복수의 발사장을 운영할 뿐만 아니라 서해 해상 발사 등 유연한 발사 전략을 적극적으로 활용하고 있습니다.

따라서 우리는 고흥을 중심으로 한 현재의 기반은 유지하되, 발사장 입지의 다변화 및 해상 발사 플랫폼 등 새로운 대안에 대한 유연한 시각과 전략적 대응이 필요합니다. 예를 들어 적도와 가까운 필리핀 등의 지역은 우주 수송력 확보 측면에서 전략적 가치가 매우 높은 지역이라 할 수 있으니 장기적으로 우리의 우주기지 입지 대안으로 주목해 볼 만합니다. 이런 가능성을 염두에 두고 상대국과 외교적 협의 및 공동 개발 방식을 모색한다면, 양국 간 상호 이익을 창출할 수 있는 윈-윈 구조도 충분히 가능하다고 봅니다. 특히 동남아 내 우주 협력 수요가 커지는 시점에서 필리핀 등 인접 국가와의 협력은 기술 협력뿐 아니라 외교적·산업적 외연 확장에도 의미 있는 계기가 될 수 있습니다.

다섯 번째는 아직은 초기 단계에 머물러 있지만, 앞으로 반드시 구축해야 할 과제로 '국방 우주 상황실 Space Operations Center'을 제안합니다. 이제는 우리 국방 우주력을 종합적으로 통제하고, 실시간으로 운영·감시할 수 있는 체계적인 운용 센터가 필요한 시점입니다. 현재 일부 기능은 공군에서 제한적으로 수행 중이지만, 그 범위와 기능을 대폭 확장할 필요가 있습니다. 특히 향후 다부처 협력 사업으로 진행 중인 우주 감시 레이더 등을 포함해 위성 운용, 우주기상, 사이버 보안 등 다양한 기능을 통합적으로 운영할 수 있는 상황실로 발전시켜야 합니다. 이는 단순한 감시 기능을 넘어 국방 우주 작전의 '두뇌' 역할을 하는 전략적 거점이 돼야 합니다. 지금이 바로 국방 우주 상황실 체계를 설계하고 구축을 준비해야 할 적기라고 판단합니다.

마지막으로 강조하고 싶은 사항은 정보 활용의 기반이 되는 '국방 우주 특화 인공지능 모델'을 반드시 확보해야 한다는 점입니다. 우주 정보는 광범위하고, 실시간성을 요하며, 군사적·안보적으로 매우 중요한 자산입니다. 따라서 단순한 데이터 수집을 넘어 수집된 정보의 자동 분석·판단·예측이 가능한 인공지능 기반의 처리 체계가 필수입니다.

우주 안보를 위한
국가 차원의 통합 전략

전략 자산이 된 우주기술

심수연 우주는 이미 국가 안보를 위해 전 세계 각국이 경쟁하는 각축장이 됐습니다.

박종승 안보 전략의 관점에서 '우주'를 어떻게 바라봐야 할지를 진지하게 고민할 시점입니다. 최근 국제 정세를 보면, 이제 우주는 과학기술의 영역에만 머물지 않습니다. 미국이 바이든 행정부 때 미국 우주사령부^{US Space Command}를 창설한 일은 이를 상징적으로 보여 주는 사례입니다.

'사령부'라는 개념은 전장을 의미합니다. 이는 곧 우주를 실제 군사 작전이 펼쳐지는 전장으로 인식하고 있다는 뜻입니다. 과거 〈스타워즈〉가 영화 속 상상이었다면, 이제는 현실 속 전략인 시대에 접어들었습니다. 특히 우주자산을 '보호한다'는 말은 단순히 방어에 그친다는 이야기가 아닙니다. 필요시 상대의 우주자산을 무력화할 능력 확보, 즉 공격 역량 또한 필요하다는 의미를 내포합니다. 이처럼 우주 안보는 방어와 공격이 맞물린 양면 전략의 시대로 진입하고 있습니다.

앞서 말씀드린 대로 러시아-우크라이나 전쟁 발발 직후, 러시아의 공격으로 우크라이나의 지상 통신 인프라가 대부분 파괴되자, 우크라이나는 스페이스X의 저궤도 위성통신망인 '스타링크'에 절대적으로 의존할 수밖에 없었습니다. 하지만 전쟁 중 일론 머스크가 상황에 따라 스타링크를 차단할 수 있다고 발언하자, 우크라이나 국민은 큰 충격과 불안에 빠졌습니다.

러시아가 스타링크를 저궤도에서 무력화하겠다고 위협하자, 일론 머스크는 이에 맞서 "그렇다면 더 많은 스타링크 위성을 발사하겠다."라고 응수했습니다. 이 일련의 사례는 우주가 단순한 과학기술의 영역을 넘어 명백히 안보와 국제 전략의 핵심 공간으로 변모했음을 보여 주는 상징적 사건이라고 할 수 있습니다.

중국은 어떨까요? 최근 미국 우주군은 중국이 지구 저궤도에서 위성 5기를 동원해 공중전(도그파이팅)을 했다고 증언했습니다. 위성을 공격하는 무기 체계인 ASAT[Anti-Satellite]는 미국이 가장 먼저 개발

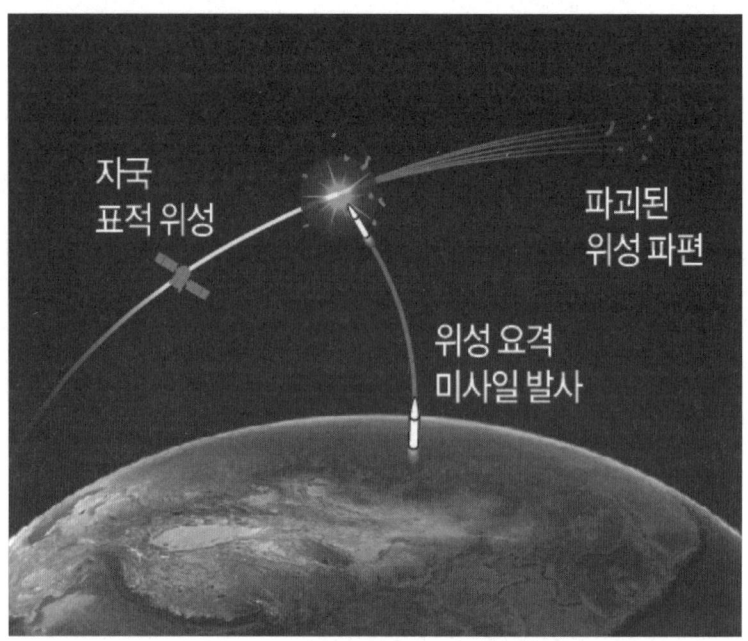

〈그림 4-3〉 인공위성 요격 과정 개요 (출처: 연합뉴스)

을 주도했습니다. ASAT는 지상이나 전투기에서 미사일 또는 레이저를 발사해 위성을 파괴하는 인공위성 요격 시스템입니다. 이후 중국과 인도도 ASAT를 본격적으로 개발했습니다. 작년에는 러시아의 ASAT 시험으로 생긴 파편이 ISS로 향해 우주비행사들이 대피하는 사건도 있었습니다. 이런 일련의 에피소드들은 우주 공간이 새로운 전장(戰場)으로 변모하고 있음을 보여줍니다.

이런 흐름에서 미국 바이든 행정부는 해리스 부통령이 나서서 '우주판 핵확산금지조약^{NPT}' 체계 구축을 제안하기도 했습니다. 우주 활동에 규율이 필요하다는 부분에는 동감이지만, 이 같은 움직임을 보며 앞으로 우주 선진국들이 후발 국가의 참여를 제약하거나 차단하는 '사다리 걷어차기' 현상이 나타날 수도 있겠다는 우려가 생겼습니다.

우리도 우주에서 위성과 같은 전략 자산을 보호할 준비를 본격적으로 시작해야 합니다. 이제는 북한과의 미사일 경쟁을 넘어 '우주 경쟁'의 시대로 진입했기 때문입니다. 물론 현재 기준으로 북한의 우주 역량은 대한민국보다 절대적인 열세에 있습니다. 예를 들어 북한이 발사한 만리경 위성은 기술적으로 매우 조잡한 수준입니다. 그 외에는 제대로 작동하는 위성조차 없는 상황입니다. 대한민국과의 우주기술 격차는 아직 상당히 크다고 볼 수 있습니다. 하지만 우리가 우주에서 보호해야 할 전략 자산은 점점 더 많아지고 있습니다. 북한의 입장에서 보면, 대한민국의 위성 자산을 무력화하는 방식의 '우주 교란' 전략을 전개할 가능성도 충분히 존재합니다.

특히 2023년 이후 북한과 러시아 간의 우주 협력이 가시화하면서 당장은 겉으로 드러나지 않더라도 장기적으로 북한이 요구하는 우주기술을 러시아가 제공할 가능성도 배제할 수 없습니다. 이 부분에 대해서도 선제적 대비가 필요합니다. 현재 우리나라는 북한의 핵·미사일 위협에 대응하기 위한 독자적인 억제 및 대응 체계, 이른바 '한국형 3축 체계'를 구축하고 있습니다.

그러나 북한 전역을 실시간으로 감시하고 위협을 선제적으로 탐지할 감시정찰 능력, 즉 '눈' 역할을 하는 감시정찰 위성 자산은 아직 절대적으로 부족합니다. 미국의 정보 자산에 의존하지 않고, 독자적인 위성 체계를 통해 탐지하고 감시 능력을 확보하는 것이 핵심입니다. 또한 이렇게 확보한 감시정찰 위성이 북한, 중국 혹은 제3국의 우주 전력에 공격당하지 않도록 보호 체계도 함께 구축해야 합니다. 앞으로는 이런 우주 기반 정보·감시 체계를 '지키는 전략'까지 포함한 종합적인 우주력 확보 방안을 국가 차원에서 끊임없이 고민하고 준비해야 할 때입니다.

심수연 말씀을 들으니 한 10년 전 외교부 군축비확산과에서 근무할 때 우주 잔해물^{debris}이 국제 사회의 큰 화두였던 생각이 납니다. 2007년 중국의 위성 요격 시험을 비난했던 주요 논리 중 하나도 우주 쓰레기를 양산한다는 주장이었습니다. 유엔과 유럽을 중심으로 우주 잔해물 관련 국제 행동규범을 만들려던 논의가 그때도 있었습니다.

그런데 요즘 민간 우주 시장을 보면 격세지감을 느낍니다. 로켓엔진을 활용한 운동에너지 요격, 즉 키네틱 킬$^{kinetic\ kill}$ 방식의 ASAT 기술은 많은 파편을 생산합니다. 그런데 이제는 쓰레기를 만들지 않거나, 도리어 포집해서 제거하는 방식으로 상대 위성을 무력화하는 방법이 다양하게 개발되고 있습니다.

우주 관련 국제 박람회에 참석해 보면, 고속도로 위에서 자동차가 고장 났을 때 '출장 서비스'가 오듯이 저궤도 위성에도 이런 서비스를 하겠다는 기업이 많습니다. 위성 가까이 가서 뭐가 고장 났는지 사진도 찍어 주고, 수리해 주고, 연료도 채워 주고 한다는 겁니다. 상업적인 서비스라고는 하지만, 사실 하나하나 군사적인 함의가 상당하지 않습니까? 국제규범으로 키네틱 킬을 못하게 한다 해도 의미는 있지만, 우주자산 방호 측면에서는 이미 부족한 것 같습니다.

박종승 최근 몇 년 사이 우주가 경제와 안보 양면에서 국가 경쟁의 최전선으로 부상하고 있습니다. 특히 우리가 주목해야 할 점은 안보와 직접 연결된 우주기술과 인프라를 어떻게 접근하고 육성할지입니다.

먼저 민간 중심으로의 전환이 필요한 분야가 있습니다. 위성과 같이 우리 삶의 질 향상과 경제적 이익에 직결되는 기술은 민간이 주도하고, 정부는 과감히 이전해 주는 방식으로 나아가야 합니다. 이는 세계적인 추세이기도 합니다. 반면, 국가 안보와 직접 연관된 전략 자산은 다릅니다. 바로 이 지점에서 '우주전'이라는 단어가 현실화되고 있습니다.

그렇다면 이제 우리는 무엇을 해야 할까요? 앞서 말한 대로 지금 저궤도에는 수많은 위성이 존재하고, 그에 따라 우주 쓰레기(파편)도 기하급수적으로 증가하고 있습니다. 그래서 최근에는 우주 쓰레기 제거 기술 개발이 활발히 이루어지는 중입니다. 그런데 이 기술의 본질을 들여다보면, 단순한 쓰레기 포집 기술을 넘어 상대 위성을 직접 제어하거나 접근·포획하는 기술과 다르지 않습니다. 즉, 민간에서는 우주 쓰레기 수거 기술로 활용하지만, 군사적으로는 상대의 위성을 공격하거나 무력화하는 기술로 전용할 수 있다는 뜻입니다.

실제로 미국과 중국 등 우주 강국들은 위성에 로봇 팔을 장착해 조작하는 기술을 이미 확보하고 있으며, 일부 기술은 민·군 겸용의 형태로 발전하고 있습니다. 이런 기술은 위성을 수리하거나 궤도를 조정하는 등 평화적인 활용도 가능하지만, 우주전 환경에서는 상대 위성을 제거하거나 무력화하는 전략 자산이 될 수도 있습니다. 따라서 우리도 이런 첨단 우주기술을 민간 주도로 고도화하는 한편, 민·군 협력 과제로 삼아 적극적으로 육성해야 합니다. 위성 접근·제어 기술, 로봇 팔 운용 기술, 우주 상황 인식 및 대응 능력 등은 앞으로 우주 안보뿐만 아니라 우주산업 경쟁력 확보의 핵심이 될 겁니다.

지금까지는 감시정찰 위성이나 위성통신 분야에만 관심을 집중했지만, 앞으로는 민·군 협력 과제로 주목해야 할 우주기술 영역이 훨씬 많아질 겁니다. 예를 들어 유럽에서는 위성의 수명을 연장하기 위한 새로운 시도가 활발히 진행 중입니다. 일반적으로 저궤도 위성의 수명은 연료 문제 때문에 4~5년 정도로 제한됩니다. 이를 극복하기 위해 유럽 일부 국가는 공중급유기 개념을 우주에 적용, 즉 '우주 연료 공급 모듈'을 위성에 도킹시켜 연료를 교체하는 기술을 개발 중입니다.

우주 선진국들은 위성의 수명 연장과 우주 연료 보급 기술 개발에 주력하고 있습니다. 미국의 노스럽 그루먼Northrop Grumman은 2021

년 4월 '임무 연장 위성 2호'^Mission Extension Vehicle-2, MEV-2'로 인공위성 '인텔샛 10-02'에 연료를 공급해 위성 수명을 5년 연장하는 데 성공했습니다. 스페이스X는 화성 탐사를 위한 '스타십' 우주선에 연료를 공급하기 위해 우주 공간에서 중간 급유 기지를 구축하는 방안을 추진하고 있습니다. 유럽은 위성 수명 연장을 위한 기술 개발에 집중하고 있으며, 특히 위성 연료 보급 및 궤도 유지 기술에 관한 연구를 진행 중입니다. 이처럼 각국은 우주자산의 효율적인 활용과 우주 환경 보호를 위해 다양한 기술 개발을 추진하고 있습니다. 이 과정에는 단순한 연료 이송 기술을 넘어 위성에 근접 접근하는 정밀 도킹 기술, 고속 궤도에서의 유도·항법 기술, 로봇 기술 및 모듈 교환 기술 등이 종합적으로 필요합니다.

이는 궁극적으로 우주자산의 수명 연장, 운용 효율성 제고, 그리고 유사시 군사적 활용 가능성까지 열어 줄 미래 핵심 기술이라 할 수 있습니다. 우리도 이런 분야를 민간 우주기업과 국방 연구기관이 함께 협력하는 민·군 협력 전략 과제로 키워 나갈 필요가 있습니다.

우주 경쟁 무대의 입장권

심수연 앞서 1967년 1월 1일 이전에 핵실험에 성공한 국가들이 NPT 핵보유국이 됐듯이 우주에도 유사한 국제규범이 만들어질 수 있다고 말씀하셨습니다. 사실 러시아가 북한에 다양한 우주 관련 기술을 이전하는 일도 현재 국제규범으로 따지면 불법입니다. 유엔 안보리 결의나 미사일기술통제체제Missile Technology Control Regime, MTCR에도 위배됩니다.

그런데 그런 체제들이 현재의 상황을 담기에는 너무 낡았다는 생각도 듭니다. 일단 유엔 안보리 결의를 안보리 상임이사국이 지키지 않고 있습니다. MTCR도 35개국인데 활발한 우주 활동국인 중국도 포함하지 않았고, 결정적으로 오늘날의 활발한 민간 우주 활동을 충분히 빠르게 반영하고 있지 못합니다.

언젠가 궤도 교통 관리와 우주 자원 소유권 문제 등에 대한 국제적 규율이 생길 수도 있습니다. 현 국제 질서가 어떤 새로운 다자적 규범을 만들어 낼 역량이 있을지에 대해서는 회의적이기는 한데, 어쨌든 유엔 등지에서 논의가 이어지고 있습니다. 미국이 궤도 활동에 관한 규범을 만들듯이 국가별로 규율이 생길 수도 있습니다.

새로운 규범이 생길 때 우리도 실질적인 목소리를 내려면 우주에서 활발한 활동과 존재감이 있어야 할 겁니다. 그렇지 않으면 이미 궤도와 주파수에서 기득권을 차지한 국가들 위주로 규율이 만들어질 가능성이 매우 높습니다. 논의 테이블에 진지한 의견을 개진할 수 있는 입장권이라고 볼 수 있겠습니다.

박종승 우주 분야에서 우리나라가 전략적 입지를 확보하려면, 국가안보실, 국방부, 외교부, 과학기술정보통신부(과기정통부)와 우주항공청, 산업통상자원부 등 주요 정부 부처가 모두 협력해 국가 차원의 집중적 노력을 기울여야 합니다. 우주 경쟁의 무대에서 '입장권'을 확보하기 위한 종합적이고 통합된 정책 추진이 절실한 시점입니다.

MTCR 멤버도 아닌 중국은 현재 '우주굴기'를 본격적으로 추진 중입니다. 여기서 '굴기'란 오랫동안 움츠렸던 몸을 일으킨다는 의미입니다. 자신을 낮추며 힘을 기른 뒤 일어선다는 함의를 담고 있습니다. 과거 덩샤오핑은 도광양회를 강조했는데, 이는 재능을 드러내지 않고 인내하며 때를 기다리라는 뜻으로 미국과 대등한 실력을 갖출 때까지 몸을 낮추고 역량을 키우자는 전략이었습니다. 중국은 1979년 개혁 개방 이후 30여 년간 마치 칼을 칼집에 감춘 듯 조용히 기술력과 산업 기반을 축적해 왔습니다.

중국은 2040년대에 '우주 최강국' 도약을 목표로 삼고 있으며, 2030년까지 자국 우주비행사를 달에 착륙시키겠다는 계획을 추진하고 있습니다. 현재까지 총 다섯 곳의 우주 발사장을 운영 중이며, 그중 일부는 민간 발사 전용으로 활용하고 있어 민간 참여도 적극 확대되고 있습니다. 또한 미국 중심의 ISS 체제와는 별도로 자국의 독자적인 유인 우주 정거장 '텐궁'을 2022년에 완성했습니다. 텐궁의 비행 궤도는 약 390km로 ISS(약 410km)보다 다소 낮은 고도에 있으며, 전체 규모는 ISS의 약 3분의 1 수준입니다. 그래도 중국은 매년 유인 우주선 2기와 화물 우주선 2기를 텐궁에 발사해 정기적인 임무 수행과 유지보수를 지원할 계획입니다. 이처럼 중국은 국가 차원의 전략적 의지와 민간의 기술력을 결합해 우주 분야에서도 미국과 어깨를 나란히 할 수 있는 수준으로 역량을 집중하고 있습니다.

5장

우주산업을 위한 거버넌스의 확립

우주산업은 단순히 국가가 발사체를 만들어 위성을 궤도에 투입하는 데서 끝나지 않는다. 민간 스타트업, 중소기업, 연구기관, 학계 등이 참여하는 장기적이고 복합적인 생태계다. 그 생태계를 유지하고 성장시키기 위한 핵심 조건으로 '산업 거버넌스'가 무엇보다 필요하다.

대한민국은 여전히 정부 주도의 연구개발 중심에 머물러 있다. 하지만 기술개발만으로는 산업을 일으킬 수 없다. 기술을 산업화하고 시장을 창출하려면 민간 중심의 거버넌스가 중요하다. 실패를 허용하는 구조, 기술과 자본을 연결하는 제도, 기업과 연구기관의 역할 재정립이 필요하다.

또한 인력 양성 문제도 중요하다. 우주산업은 고급 인재가 핵심이지만, 현재는 이를 체계적으로 육성할 중장기 계획이 미흡하다.

더불어 국방과 외교, 과학기술과 산업이 융합하지 못하고 각자의 역할에만 매몰되어 있다. K-우주 생태계가 지속 가능하려면 반드시 갖춰야 할 제도적 조건, 정부의 역할, 민간의 리더십, 그리고 실패의 자산화가 필요하다. 기술에서 산업으로, 산업에서 국가 전략으로의 확장을 이루어야 한다.

기술에서 산업으로,
산업에서 국가 전략으로

성공에 대한 기대감, 실패에 대한 긴장감

심수연 지금까지 말씀 나누다 보니 고체 발사체 3차 발사 때 기존 목표에 없던 소형 SAR 위성을 발사하기로 결정했던 것처럼 목표를 능력치보다 한 단계 높게 잡고, 실패의 위험을 감수하면서 높은 목표를 밀어붙이며 엔지니어 조직을 이끌어 오셨다는 느낌이 듭니다.

국방과학연구소는 현무나 SAR 위성을 고체 추진 발사체에 탑재하기로 결정하고 발사에 성공하는 등 국민이 보기에 놀랄 만한 성과를 창출했지만, 사실 보이지 않는 곳에서 많은 어려움을 겪으셨을 것이라고 생각합니다. 항공우주연구원의 누리호 같은 발사체나 국방과학연구소 발사체에 대한 국민의 기대나 눈높이도 사실 대단히 높습니다. 적지 않은 국민의 세금이 들어가기 때문인 듯합니다.

그래도 뉴 스페이스 시대에는 국가 프로그램보다 조금 더 실패에 관대하게, 아니 관대하다기보다는 빠르게 실패하고 빠르게 극복하는 방식으로 속도감 있게 가야 한다고 생각합니다. 그것이 민간의 자본 투자 방식과 리스크 관리 역량이 지닌 장점이라면 장점일 겁니다. 엔지니어 조직의 리더로서 어떤 프로젝트를 끌고 가실 때 어떻게 도전적인 목표를 설정하고 제시하시는지 궁금합니다. 물론 실패할 수도 있지만, 목표를 향해 매진하고 결국 해낼 수 있도록 설득하는 리더십에 관해서도 조언해 주시면 좋겠습니다.

박종승 시험발사는 단순한 이벤트가 아닙니다. 그 순간이 기다려져야 합니다. 단지 발사 버튼을 누르는 행위 하나로 끝이 아니라 그 버튼에 손가락이 닿기까지의 모든 과정을 거쳐야 하는 프로젝트입니다. 예를 들어 비행체 조립, 점검, 비행 시나리오에 따른 비행체의 거동 하나하나가 사업 책임자의 머릿속에 전부 그려져 있어야 합니다.

마침 이야기 나온 김에 사례 하나 더 소개하겠습니다. 국방과학연구소에서 체계 설계 실무 책임자로 일했을 때, 사업 책임자였던 전임 소장님은 종종 "미사일은 유기체다. 정성을 들인 만큼 반드시 응답한다."라는 말씀을 하곤 했습니다. 그 한마디가 단순한 비유적 표현이 아님을 직접 경험할 수 있었습니다. 그분은 항상 미사일 조립이 모두 끝난 상태에서 눈을 감고 미사일 후방부터 전방까지 손으로 천

천히 만지며 확인했습니다. 그리고 어느 한 지점에서 멈추더니, "박 실장, 이 조립부에 단차가 느껴지는데, 허용할 수 있는 수준인가? 시험에는 지장 없는가? 다음에는 반드시 개선해야겠네."라고 말씀하셨습니다. 그분은 그렇게 눈이 아니라 손끝으로 느끼며 감각적으로 모든 공정을 꿰뚫고 있었습니다. 그리고 마지막에는 늘 "발사하는 날은 축제가 돼야 한다. 그러려면 그전까지 모든 것이 완벽해야 한다."라고 말씀하셨습니다.

물론 우리는 "실패는 성공의 어머니"라는 말을 자주 듣습니다. "실패에서 배운다, 실패도 경험이다."라는 말도 흔합니다. 하지만 제 생각은 조금 다릅니다. '실패'는 두 가지로 구분할 수 있어야 합니다.

첫 번째는 도전적인 과제에서의 '성실한 실패'입니다. 결과를 예측할 수 없는 미래 지향적 기술, 실패 가능성이 내재된 선도자first mover형 기술 개발에서는 실패가 용인될 수 있습니다. 그리고 그럴 때는 실패가 값진 자산이 됩니다.

두 번째는 '단순한 실수로 인한 실패'입니다. 설계 과정에서 충분히 검토하지 않아서, 조립 과정에서 디테일을 놓쳐서, 점검 과정에서 마무리가 미흡해서 발생하는 실수에 따른 실패는 결코 실패가 아닙니다. 그냥 '준비 부족'일 뿐입니다. 정성을 다한 만큼 미사일은 응답합니다. 그리고 성공은 바로 그 정성이 완성되는 순간입니다.

심수연 공감이 많이 가는 말씀입니다. 공개된 자료에 따르면, 제임스

웹 망원경 James Webb Space Telescope[1])에는 무려 344개의 단일 장애점이 있었다고 합니다. 즉, 그 344개 중 단 하나의 부품만 고장 나도 시스템 전체가 실패해 버립니다. 그런 관점에서 단순한 실수에 따른 실패는 누구에게나 뼈저릴 수밖에 없다고 생각합니다.

그런데 이야기를 들으면서 갑작스럽게 궁금해졌는데, 미사일 발사 버튼은 진짜 버튼인가요?

박종승 사업 책임자는 시험발사를 총괄하는 최종 의사결정자입니다. 시험 책임자로부터 시험 상황 전반을 보고받고, 발사 수행 여부를 최종 판단하며, 버튼이 아니라 발사 가능 스위치 Arm Switch를 확인합니다. 이는 비정상적인 비행이나 위험 상황이 발생하면 비상 폭파 여부를 결정하는 중대한 역할을 하는 스위치입니다. 통상 발사 버튼이라고 할 뿐입니다.

심수연 그러면 레버를 돌린 순간부터 자동 발사 단계 auto-sequence에 돌입하나요?

박종승 발사 레버를 돌리는 순간부터는 모든 절차가 컴퓨터에 의해 단계별로 자동 진행됩니다. 하지만 체감하는 시간은 그보다 훨씬 더 느립니다. 반면, 실제 카운트다운 속도는 예상보다 훨씬 빠르다고 느껴집니다. "마이너스 10초"라고 들었지만, 상황판을 보면 어느새 -4

---

[1] 적외선 천문 관측을 주 목적으로 하는 우주 망원경으로 현존하는 광학 우주 망원경 중에서 가장 규모가 크다.

초나 -3초가 떠 있고, 시간은 점점 더 숨 가쁘게 흘러갑니다. 하지만 그 짧은 순간에도 사업 책임자의 머릿속에는 수많은 변수와 시나리오가 스쳐 지나갑니다.

발사를 시작한 후에 문제가 발생하면, 사업 책임자는 비상 폭발 스위치를 눌러야 할 수도 있습니다. 발사 이후부터 비행이 완전히 종료될 때까지는 성공에 대한 기대감과 실패에 대한 긴장감이 동시에 교차하는 시간입니다. 물론 그 단계까지 모든 준비를 다했다는 확신만 있다면, 실패해도 후회가 되지는 않습니다. 하지만 말도 안 되는 단순 실수로 실패하면 그 충격은 아주 큽니다. 그동안의 노력과 비용, 수많은 연구원의 집중력이 한순간에 무너지기 때문입니다. 실제로 비행 실패를 경험하면 다리에 힘이 쫙 빠지고, 현장은 순식간에 적막으로 휩싸입니다. 모두 아무런 말 없이 실패의 충격을 느낍니다.

이와 반대로, 기술적으로 매우 도전적인 시험이었다면 그나마 괜찮습니다. 설사 실패해도 "그래도 여기까지는 성공했다."라거나 "이건 거의 다 된 거네."라는 인식이 생깁니다. 완벽하게 성공하면 더할 나위 없지만, 실패해도 어느 정도 진척이 있다면 그것으로도 충분한 보람을 느낄 때가 있습니다.

심수연 소위 '초읽기'라고 하는 카운트다운은 언제 처음 해 보셨는지요?

박종승 사업 책임자가 초읽기의 최고 담당자입니다. 해상 소개 등 모든 면에서 준비를 마쳤을 때 적색 경보가 켜집니다. 가장 긴장되는 순간입니다. 그 이후로 초읽기는 발사할 때까지 컴퓨터가 자동으로 수행합니다. 초읽기는 단순한 시간 경과를 표현하는 도구가 아닙니다. 초 단위마다 할당된 이벤트가 설정되어 있습니다. 초읽기가 자동으로 진행되면 모든 이벤트가 문제 없다는 뜻입니다. 발사 과정 중에 문제가 발생하면 즉시 중지됩니다. 성공에 대한 기대감은 고조되지만, 한편으로는 굉장히 긴장할 수밖에 없습니다.

대한민국 뉴 스페이스 시대의 현 주소

심수연 대한민국의 '뉴 스페이스' 생태계에 관한 의견을 몇 가지 들어 봤으면 합니다. 원래 우주 개발은 전 세계에서 오직 소수의 선진국만 할 수 있는 일이었습니다. 우리나라도 마찬가지로 국가 주도로 산업 생태계를 가져오다가 많은 기업이 우주 개발에 도전하겠다는 기치를 내걸고 나섰습니다. 그중에 성과를 거둔 기업도 있지만, 전체 생태계 차원에서 보자면 우리나라는 이제 태동하는 단계라고 생각합니다. 우리나라에서 뉴 스페이스라는 단어는 언제 등장했고, 지금 우리나라의 뉴 스페이스는 어디까지 왔다고 생각하시나요?

박종승 기존의 '올드 스페이스'는 정부 주도의 우주 개발 체계를 의미합니다. 즉, 정부가 위성과 발사체를 직접 개발·운용하는 방식이 중심이었습니다. 이에 반해 뉴 스페이스는 비용 절감, 기술 혁신, 시장 확대 등을 목표로 국가 중심의 우주 개발을 민간 주도로 전환하려는 새로운 흐름을 의미합니다. 대표적인 사례가 바로 스페이스X며, 이후 블루오리진, 플래닛(랩스), 원웹 등 다양한 민간기업이 뒤를 이었습니다.

2018년 문재인 정부 시절 과기정통부 주도로 우주산업 육성 전략을 발표하며 민간 참여 확대를 강조했습니다. 하지만 이때는 뉴 스페이스라는 개념이 공식적으로 등장하지는 않았습니다. 우리나라에서 뉴 스페이스에 관한 본격적인 논의는 2021년 한·미 미사일 지침이 폐지되고, 민간의 고체 발사체 개발 가능성이 열리면서 시작됐습니다. 같은 해 전남 고흥 나로도에 우주발사체 클러스터를 조성하고, 고체 기반 발사장 구축 계획이 수립되며 민간 중심의 우주 개발 가능성이 본격화됐습니다. 그 이후로 누리호의 발사도 성공했습니다. 물론 여기에는 스페이스X의 성공 사례가 뉴 스페이스를 가속한 영향이 컸습니다.

그런데도 우리나라는 여전히 국가 주도 체계에 머물러 있습니다. 뉴 스페이스 기업이 속속 등장하고 일부는 코스닥 상장에도 성공했지만, 여전히 과기정통부 중심의 정부가 주도하는 올드 스페이스 프레임을 완전히 벗어나지 못했습니다. 과기정통부-한국항공우주연구원-관련 교수진 중심의 구조가 지속되고 있으며, 민간기업의 자율적인 시장 참여는 아직 미흡한 수준입니다. 발사 수요와 정부 위성 프로젝트도 대부분 공공 중심이며, 위성과 발사체 관련 인력 또한 정부출연 연구기관에 집중되어 있는 것이 현실입니다.

다만, 최근 몇 가지 변화의 조짐이 보입니다. 첫 번째는 국방의 우주 진입입니다. 2020년 7월 고체 발사체 개발 제한 해제와 2021년 미사일 지침 완전 폐지 이후, 국방 분야에서도 우주에 대한 관심과 투자가 급격히 확대됐습니다. 고체 발사체 발사 성공과 군용 정찰위성 발사 성공은 그 대표적인 사례입니다. 특히 '국산화' 기조와 함께 기존 방산기업들이 우주 분야로 진출하고 있으며, 민간 뉴 스페이스 스타트업에 대한 국방 분야의 민·군 협력 과제, 미래도전 기술 과제 등도 증가하고 있습니다. 최근에는 이중 용도 기술을 민간으로부터 구매하려는 움직임까지 나타나고 있습니다.

두 번째는 우주항공청의 출범입니다. 2024년 공식 출범한 우주항공청은 민간 중심의 우주산업화를 목표로 출범했으며, 2025년에는 '민간 주도 재사용 발사체 체계 모델 연구'도 추진 중입니다. 아직 구체적인 성과가 가시화되지는 않았지만, 뉴 스페이스에 관한 정책적 공감대가 확산하고 있다는 점에서 긍정적인 변화입니다.

이런 변화가 민·군 협력 활성화와 더불어 과기정통부와 국방부 간의 부처 이기주의와 갈등을 해소하는 방향으로 이어진다면, 그 의미는 더욱 커질 겁니다. 더 나아가 국방과학연구소, 한국항공우주연구원 등 정부출연 연구기관과 일부 대기업 중심의 기존 구조를 넘어서 대기업-중소기업 협력 모델 또는 중소기업이 중견기업으로 성장할 수 있는 기술·사업 사다리가 본격적으로 작동하면, 이는 명실상부한 우주산업의 구조 전환으로 이어질 겁니다. 민간 스타트업은 이미 존재하고 도전하고 있지만, 시장 주도형 생태계로의 전환은 아직 진행 중입니다. 제도적·금융적·정책적 토대를 함께 구축해야 혁신형 우주기업이 지속해서 등장하고 성장하는 생태계를 형성할 수 있고, 우리도 마침내 '진정한 뉴 스페이스 시대'에 들어섰다고 말할 수 있을 겁니다.

심수연 자료를 확인해 보니까 누리호를 만드는 데 우리 민간기업이 300여 개가 참여했습니다.[2] 상당히 많은 수입니다. 다만, 뉴 스페이스가 민간이 단순히 가공 및 제작에 참여한다는 의미를 넘어서 혁신을 이끈다는 의미라면 우리가 아직 그 단계까지는 못 갔다는 생각입니다.

우주항공청이 앞으로 10년 내에 글로벌 우주 시장의 점유율 10%를 달성하겠다고 목표를 세웠습니다. 물론 지금은 전체 시장의 1%도 채 되지 않는 상황입니다.[3] 목표를 달성하기 위해 민간의 혁신과 시장의 질적·양적 성장이 필요함은 분명해 보입니다.

보통 우주산업의 밸류 체인을 업스트림upstream, 미드스트림midstream, 다운스트림downstream 세 가지로 구분합니다. 업스트림은 하드

---

2) 우주항공청, 〈2024 우주산업 실태조사〉, 한국항공우주연구원 누리호 3차 발사 프레스킷 재인용
3) 2024 우주항공청 정책방향

웨어적인 발사체, 위성 제작 등입니다. 미드스트림은 그것을 운용하는 지상국, 데이터 전송 등을 의미합니다. 다운스트림은 그런 데이터를 활용하는 단계입니다. 이런 우주산업의 생태계에서 우리는 어떤 분야에 경쟁력이 있고, 어떤 분야에서 조금 부진하다고 보시나요?

박종승 먼저 업스트림은 위성, 발사체, 우주 탐사체 등 우주로 올려 보내는 물체를 설계하고 제작하는 영역입니다. 우리나라는 이 분야에서 일정 수준 이상의 경쟁력을 보유하고 있다고 평가받습니다. 특히 위성 제작 분야는 쎄트렉아이를 중심으로 이미 싱가포르를 비롯한 다양한 국가에 수출한 경험도 있습니다. 한국항공우주연구원 역시 다목적 실용 위성 개발을 포함해 30여 년의 기술 축적을 이루어 낸 만큼 상당한 기술 역량을 갖추고 있습니다.

다만, 이 분야에서 한 가지 핵심적인 과제는 아직 해결되지 않았습니다. 그것은 바로 위성 제작에 사용하는 핵심 부품의 국산화 문제입니다. 지금까지는 많은 부품을 수입에 의존해 왔기 때문에 결과적으로 미국 국제무기거래규제International Traffic in Arms Regulations, ITAR의 적용을 받는 상황이 자주 발생했습니다. 우주 개발에서 ITAR은 오랫동안 우리의 걸림돌이었습니다. 예를 들어 미국산 위성 부품을 수입해 대한민국에서 위성을 제작하면, 해당 위성을 대한민국 발사체로 발사하고 싶어도 미국의 승인이 없으면 불가능했습니다. ITAR 규제에 따라 미국산 부품이 들어간 위성은 미국 발사체만 사용해야 하는 제한이 있기 때문입니다. 이는 외교적으로도 사업적으로도 제약 요소가 됐습니다.

따라서 위성 제작 기술의 고도화 못지않게 위성 구성품의 국산화를 통해 ITAR-Free 체계를 갖추는 일이 향후 우리나라 우주산업의 자율성과 수출 경쟁력을 확보하는 데 매우 중요한 과제가 될 겁니다. 그런 노력을 이제 본격적으로 시작했다는 점은 주목할 만합니다.

국방부의 425사업도 같은 맥락에서 살펴볼 수 있습니다. 이 사업을 통해 발사한 위성 역시 국산 부품의 비중이 매우 낮은 편입니다. 외형적으로는 우리가 위성을 성공적으로 쏘아 올렸다고 볼 수 있지만, 실제로는 설계와 체계 통합 역량을 일부 확보했을지언정 위성 제작의 실질적 기술력은 아직 축적하지 못한 상황입니다. 이 부분은 앞으로 반드시 짚고 넘어가야 할 핵심 과제라고 생각합니다. 또한 우리나라가 그동안 개발하고 발사한 위성 대부분은 중량 1톤 정도의 중형 위성이었습니다. 한국항공우주연구원을 비롯한 정부 주도의 위성 개발은 대부분 이런 중·대형 위성에 집중했습니다.

그러나 최근 세계 우주기술의 흐름은 빠르게 변화하고 있습니다. 소형화와 경량화가 눈에 띄게 진전하고 있으며, 기존의 1톤급 위성에서 200kg 이하의 소형 위성으로 전환하는 추세입니다. 위성 중량이 5분의 1 수준으로 줄어들면서 제작 및 발사 비용이 획기적으로 절감됐고, 이는 민간기업에 새로운 기회를 열어 줬습니다. 따라서 우리는 지금까지의 중형 중심 개발 전략에서 탈피해 경량 고성능 소형 위성 개발 역량을 민간 중심으로 육성할 필요가 있습니다. 이런 변화는 기술 자립성과 우주산업 생태계 다변화에 매우 중요한 전환점이 될 겁니다.

발사체 제작 분야에서는 한국항공우주연구원이 누리호 개발을 통해 일정 수준의 기술력과 성과를 확보했고, 고체 발사체 역시 국방과학연구소 주도로 개발해 민간 이전 가능성까지 열린 상황입니다. 하지만 대형 발사체나 재사용 발사체 분야에서는 아직 세계적인 수준보다 기술력과 경제성이 부족합니다. 발사체 스타트업인 이노스페이스가 브라질에서 시험발사를 진행했지만, 아직은 초기 단계에 머물러 있는 수준입니다. 대형 재사용 발사체 분야에서도 미국, 중국, 유럽 등과의 기술 격차가 상당합니다.

반면, 소형 발사체 시장에는 우리에게 충분한 틈새시장 기회가 존재한다고 봅니다. 상대적으로 소규모 위성 수요가 증가하고 있고, 작고 효율적인 발사체 개발은 스타트업이나 중견기업이 도전할 수 있는 분야입니다. 이 영역에서 국가의 전략적 선택과 민간의 기술력이 시너지를 낼 수 있다고 봅니다.

한편, 위성체 부품 분야도 최근 들어서야 민·군 겸용 기술 개발 과제를 통해 국산화의 첫걸음을 내딛고 있습니다. 대표적인 사례가 국방과학연구소의 민군협력진흥원을 통해 추진한 친환경 연료계 추진 기술, 즉 ADN$^{Ammonium\ Dinitramide}$ 계열 추력기의 국산화입니다. 우리나라의 위성 추진 시스템은 대부분 고독성 연료인 MMH-NTO[4] 계열에 의존했습니다. 하지만 세계는 이미 스웨덴 기업 ECAPS의

ADN 계열이나 미국과 일본의 HAN$^{\text{Hydroxyl Ammonium Nitrate}}$ 계열 등으로 빠르게 전환하고 있었습니다. 친환경·저독성 연료로의 변화는 전 세계적인 흐름이었습니다. 그런데도 우리는 여전히 독성 연료 체계에 머물렀고, 이에 따라 국방과 민간이 모두 활용할 수 있는 친환경 추력기의 국산화 필요성이 제기되면서 본 과제를 본격적으로 추진했습니다.

최근에는 친환경 추력기의 국산화에 성공했다는 반가운 소식이 전해졌고, 유럽 수출 협의까지 진행 중이라고 합니다. 이는 우리 기술의 국제 경쟁력과 성장 가능성을 입증한 의미 있는 성과로 평가할 수 있습니다. 무엇보다 주목할 점은 단순한 기술 모방이 아니라 세계적 기술 흐름을 선제적으로 읽고 대응한 결과라는 겁니다. 민·군 협력을 바탕으로 실제 개발 성과를 국산화와 수출 가능성으로 연결한 대표적 사례로서, 이는 명실상부하게 한국형 뉴 스페이스 생태계로 나아가는 전환점이 됐다고 할 수 있겠습니다.

결국 우리가 주목해야 할 방향이 단지 위성이나 발사체 같은 전체 시스템 단위의 개발에만 머물러서는 안 됩니다. 더 근본적으로는 위성에 탑재할 핵심 부품 하나하나를 국산화하는 데 집중해야 합니다. 부품 단위의 국산화가 이루어지면, 단순한 국내 수요 대응을 넘어 해외 기업으로부터 직접 부품을 주문받아 수출할 수 있는 기반

---

4) 단일 메틸-하이드리진^{MMH}을 연료로, 사산화이질소^{NTO}를 산화제로 사용하는 이원추진제 조합을 말한다.

이 마련됩니다. 이는 곧 글로벌 시장에서 우리 기업들이 자생적으로 성장할 수 있는 기술적 토대가 된다는 점에서 매우 중요합니다. 부품의 경쟁력이 곧 산업의 경쟁력이며, 이런 사례가 계속 축적될수록 대한민국 우주산업의 체질은 한층 더 견고해집니다.

미사일 분야도 앞선 사례와 비슷한 맥락으로 이해할 수 있습니다. 미사일 개발에서는 오래전부터 체계 개발과 부품 국산화를 동시에 진행했습니다. 이런 설계 철학과 개발 프로세스를 우주 분야에도 적용할 수 있다고 생각합니다. 국내 우주 스타트업들이 전체 위성 시스템이나 발사체 시스템에 도전하는 일도 중요하지만, 위성 부품의 설계와 제작에도 관심을 기울여 필요한 부품을 정밀하게 국산화하고 글로벌 수준의 품질로 끌어올리는 전략이 더 현실적이고 지속 가능한 방향이라고 생각합니다. 정부는 이런 첨단 위성 부품 기업들이 개발한 제품이 헤리티지를 확보할 수 있도록 인증 및 적용의 기회를 제공해야 합니다. 또 부품 하나하나에서 신뢰를 얻고 수출을 통해 경험과 자본을 축적해 나갈 수 있도록 적극적으로 지원할 필요가 있습니다. 이처럼 기초가 탄탄한, '작지만 강한' 기업으로 성장해 가는 전략이야말로 뉴 스페이스 시대에서 살아남고 경쟁력을 갖추는 가장 효과적인 방식입니다.

미드스트림은 위성 데이터를 수신하고 처리하는 지상국, 위성 운용 시스템, 데이터 전송 인프라를 포함한 영역을 말합니다. 우리나라는 위성 운용 자체는 국가 주도로 꾸준히 발전해 왔으나 글로벌 연계성, 실시간 데이터 처리 역량, 민간 보급형 인프라, 민·군 간 지상 운용 시스템의 연계성 등에서는 아직 미흡한 부분이 많습니다.

다운스트림은 위성 데이터를 기반으로 하는 통신, 감시정찰, 기상, 농업, 항법, 금융 등 응용 서비스 산업을 의미합니다. 감시정찰 위성 분야는 정부 주도로 점차 확대되고 있지만, 정작 우주 데이터를 가공하고 판매하는 비즈니스 모델은 아직 거의 존재하지 않는 수준입니다. 이는 뉴 스페이스 산업의 핵심인 '데이터 기반 서비스 산업'에 우리가 아직 본격적으로 진입하지 못하고 있다는 방증입니다. 이제 막 시작 단계에 접어들었다고 봐야 현실적이지만, 우리나라는 소프트웨어 역량이 강점이기 때문에 이 분야에서 충분히 경쟁력을 가질 수 있습니다.

최근의 흐름을 보며 느낀 점은 이제는 위성·발사체 같은 하드웨어 중심 산업구조에서 나아가 위성 데이터를 활용한 응용 서비스 산업으로 확장해야 한다는 점입니다. 이와 같은 산업 패러다임의 변화가 앞으로 우리 우주산업의 경쟁력을 결정지을 핵심 요소가 될 겁니다. 그동안 우리는 하드웨어 개발과 제작에 많은 예산을 집중해 왔지만, 앞으로는 우주 데이터를 기반으로 한 비즈니스와 서비스 산업에도 더 많은 관심과 투자가 필요합니다. 이제는 우주산업의 전략적 전환이 필요한 시점입니다. 앞으로는 '데이터 기반 서비스 산업'으로 확장하는 패러다임 전환이 절실합니다. 이는 단순한 기술적 전환이 아니라 우주산업 전체 생태계를 재편하는 방향성을 의미합니다.

그러나 현실적으로 살펴보면, 업스트림(위성·발사체 개발), 미드스트림(운용 인프라), 다운스트림(데이터 활용 서비스) 중 어느 단계도 아직 견고하다고 보기 어렵습니다. 산업 전반이 여전히 불균형적이고 취약한 구조에 머물러 있는 것이 사실입니다. 이런 상황에 처한 근본적인 원인은 결국 우리나라가 보유한 우주자산과 우주기술 역량의 절대적인 부족에서 비롯합니다. 지금까지의 우주 개발은 소수 기득권 중심으로 운영됐고, 국가 안보 차원의 필요성조차도 정책적으로 제약받은 측면이 있었습니다.

대표적인 사례로, 우주는 본질적으로 안보 영역과 밀접하게 연결되어 있는데도 국방의 우주 진입은 오랫동안 상당한 제약을 받아왔습니다. 이런 제약 속에서 대한민국이 확보한 우주자산은 한동안 누리호와 다목적·천리안 위성 정도에 그쳤습니다. 위성의 수는 물론 운용 범위도 매우 제한적이었습니다. 그나마 쎄트렉아이 같은 민간기업이 위성 제작 분야의 명맥을 이어왔지만, 업스트림·미드스트림·다운스트림 생태계를 논하기에는 전체적인 기반이 턱없이 부족한 실정입니다.

지난 30여 년간의 우주 개발을 냉정하게 돌아보면, 실질적인 성과는 제한적이었습니다. 지금이야말로 새로운 시각과 전략으로 우주산업 전반을 다시 설계해야 할 시점입니다. 이제는 위성과 발사체의 개발을 넘어 데이터 기반의 서비스 산업으로 확장하고, 민간과 국가가 역할을 분담하며 함께 성장하는 생태계를 구축해야 합니다. 그것이 대한민국 우주산업의 지속 가능한 미래를 여는 길입니다.

우주 스타트업의 생존 열쇠는 무엇일까

심수연 쎄트렉아이는 우리나라에서 선도적으로 우주산업에서 성취를 이룬 회사라 생각합니다. 최근에는 루미르, 이노스페이스, 컨텍이 우주 스타트업으로 상장에 성공했지만, 아직은 현실적인 도전 과제가 많아 보입니다. 국방과학연구소장으로 재임하실 때 많은 우주 관련 스타트업을 둘러보셨을 텐데, 이들 기업이 잘하는 점과 부족한 점이 뭐라고 보시나요? 이런 민간기업의 CEO들에게는 어떤 조언을 해 주고 싶으신가요?

박종승 우리나라 방위산업 기업들은 제작 능력은 뛰어나지만, 원천 설계와 체계 통합 능력은 부족한 것이 현실입니다. 이는 오랫동안 국방과학연구소와 같은 정부 연구기관의 틀 안에서 리스크를 최소화하고 수익을 극대화하는 구조에 익숙해 있었기 때문입니다. 비유하자면, 마치 수학 문제를 푸는 과정과도 같습니다. 어떤 학생은 핵심 개념만 알려 주면 스스로 응용해 문제를 푸는 반면, 어떤 학생은 끝까지 문제를 다 풀어 줘야만 이해할 수 있습니다. 그리고 며칠 뒤 똑같은 문제를 다시 줬을 때, 전자는 혼자서 다시 풀 수 있지만, 후자는 다시 풀지 못합니다. 지금 우리나라의 일부 방산기업은 후자의 구조에 머물러 있다고 볼 수 있습니다. 이런 문제는 우주산업에도 그대로 나타납니다. 현실적으로 대기업들은 설계보다 체계 통합 위주로만 역할을 하려는 경향이 강하고, 정작 실제 설계는 중소기업이 담당하는 사례가 많습니다. 사실상 중소기업이 우리나라 우주기술의 핵심 저변을 지탱하고 있는 셈입니다.

그런데도 정부가 추진하는 뉴 스페이스 정책의 주요 예산이 대기업 중심으로 흘러가고 있다는 점은 재고가 필요합니다. 실질적인 도전을 하는 스타트업과 중소기업으로 더 많은 예산과 기회를 분배해야 합니다. 스타트업들이 보유한 설계 역량과 의지는 기대 이상이며, 이들의 가능성은 충분합니다.

다만, 이들에게 제도적으로 숨통을 틔워 줄 환경이 여전히 부족하다는 점이 문제입니다. 실무를 뛰는 젊은 창업자들은 무거운 책임감 속에서 많은 고민과 도전을 하고 있지만, 창업자 개인의 의사나 취향에 따라 사업의 방향성이 크게 좌우되는 점도 보완이 필요합니다.

이제는 우리의 현실과 구조를 냉정하게 인정하고, 기술 생태계 전체의 역량을 골고루 키울 수 있는 정책적 재설계가 필요합니다. 정부 주도 중심에서 탈피해 실질적인 설계·제작 역량이 있는 중소기업과 스타트업을 육성하는 방향으로 산업 전반의 체질을 개선해야 할 시점입니다. 우리가 최첨단 기술 분야에서 지속 가능한 발전을 이루려면 다소 위험해 보일 수 있는 영역일지라도 불가피하게 따르는 리스크는 일정 수준 감내하면서 가야 합니다. 그런 도전이 미래 혁신의 발판이 될 수 있습니다.

　한 가지 희망적인 점은 지금의 젊은 CEO들 사이에 강한 도전 정신과 실행력이 살아 있다는 점입니다. '우리도 할 수 있다.'라는 자신감이 느껴지고, 실제로도 주저하지 않고 시도합니다. 다만, 이들이 처한 현실은 녹록하지 않습니다. 기술력보다는 자금, 인력, 인프라 부족이 큰 걸림돌입니다. 그들이 만약 미국에 있었다면 더 좋은 환경에서 성과를 냈을지도 모릅니다. 우리도 좋은 환경을 만들어 줘야 합니다.

　반면, 중견기업들을 보면 대기업의 그늘에 있다고는 하나 자금력도 어느 정도 갖추고 있고, 동기부여만 된다면 적극적으로 우주산업에 뛰어들 의지를 보이고 있습니다. 대표적으로 창원의 MNC솔루션은 최근 K-방산 수출로 성장한 뒤, 우주산업 진입을 준비하고 있습니다. 이런 기업들이 생태계에 활력을 불어넣을 수 있습니다.

　물론 기술이 있다고 해서 전부 해결되지는 않습니다. 기술력을 갖춘 기업은 많이 있지만, 시스템적 사고와 통합 능력이 부족해 고전하는 사례도 많이 봅니다. 위성 하나를 만들 때도 이를 궤도에 올리고, 운용하고, 데이터를 서비스로 연결하는 전체 시스템까지 고려하는 능력이 필요한데, 그 부분이 약한 회사가 많습니다. 개발보다 중요한 것은 운영과 비즈니스 관점에서의 설계 능력입니다.

　그리고 아쉽게도 '문제 인식'보다 '기술 자랑'에 치중하기도 합니다. 어떤 스타트업 CEO는 자신이 만든 기술을 선보이는 데 더 신경을 쓰는데, 고객은 기술 그 자체보다 '이 기술이 내 문제를 해결해 주는가?'에 관심을 둡니다. 그래서 사용자 경험과 문제 해결 중심의 시각이 필요합니다. 기술이 전부는 아닙니다. 늘 강조하는 철학이 하나 있는데, "구슬이 서 말이라도 꿰어야 보배다."라는 말입니다. 기술이라는 구슬이 아무리 많아도 그것들을 꿰어 하나의 시스템으로 완성해 내는 능력이 없다면 온전한 가치로 연결되지 않습니다. 우주산업은 기술이 아니라 시스템입니다. 시스템은 혼자 만들 수 없습니다. 기술로 선도할 수 있을지는 몰라도 결국 생태계를 만든 자가 승자가 됩니다.

또 하나의 문제는 국가 과제 의존도가 지나치게 높다는 점입니다. 특히 중소기업이나 중견기업, 또는 방산기업 중에서 여전히 정부 과제에만 의존하고, 민간 시장에서 우주 서비스를 수익화하려는 시도는 부족한 곳이 많습니다. 시장 감각과 자생적 수익 모델 개발이 절실합니다.

간혹 기술력은 뛰어나지만, 전략과 협상력, 대외 커뮤니케이션이 부족한 CEO도 있습니다. 기술은 보여 주면 되지만, 전략은 감춰뒀다가 적절한 시점에 드러낼 줄도 알아야 합니다.

그리고 우리 우주 스타트업의 또 다른 약점은 처음부터 너무 큰 프로젝트에 도전하려고 한다는 점입니다. 항상 예로 드는 사례가 스페이스X입니다. 일론 머스크는 페이팔 창업으로 벌어들인 자본을 바탕으로 가장 작은 규모의 로켓인 팰컨-1$^{Falcon\ 1}$부터 개발하기 시작했습니다. 대형 로켓으로 한번에 도약하지 않았습니다. 작은 로켓을 통해 먼저 기술을 검증하고, 점진적으로 규모와 성능을 키워 가는 전략을 택했습니다.

이런 방식은 리스크를 줄이는 동시에 기술 축적과 비용 효율성을 높이는 데 효과적인 접근이며, 우리도 마찬가지로 작게 시작해 검증하고, 단계적으로 성장해 나가는 전략이 필요합니다.

이 점은 사실 우리 선배 세대의 책임이기도 합니다. 경험 있는 선배들이 직접 나서서 젊은 기업가들에게 방향을 잡아주고 조언하고 함께 고민하는 문화가 부족했습니다. 하지만 이제는 보육과 코디네이팅, 실질적인 연결과 조언을 아끼지 않아야 할 때입니다.

또한 최근 들어 벤처캐피탈의 압박과 불균형한 관계에 힘들어하는 스타트업 CEO들의 모습을 많이 봅니다. 모든 일을 혼자서 하려 하지 않았으면 합니다. 국방과학연구소, 한국항공우주연구원, 한국전자통신연구원 같은 훌륭한 파트너가 주변에 있습니다. 다만, 기술 이전부터 요청하기보다는 함께 비즈니스 기회를 만들어 가는 자세가 필요합니다. 많은 CEO가 '기술 스타트업'을 넘어 '우주 시스템 리더'로 성장하기를 바랍니다.

산업적 관점에서 우주를 바라보다

심수연 민간 우주 개발의 필수 요소가 있다면 무엇인지, 그리고 그것을 어떻게 육성해야 하는지에 관해 이야기해 보겠습니다. 가장 먼저 자본이 필요합니다. 많은 우주기업이 대기업이 아닌 이상 벤처 투자를 통해 자본을 조달합니다. 스타트업 구성원으로서 벤처캐피탈은 생태계 형성의 중요한 일원이라고 생각합니다. 어쩌면 이 산업 전체가 돌아갈 수 있게 하는 근원이라고도 여겨집니다.

다만, 우주산업은 우리가 통상적으로 상상하는 여타 스타트업과 많이 다릅니다. 고위험·고비용 산업에 개발 주기도 굉장히 길고, 소프트웨어 기반의 스타트업처럼 발 빠르게 방향을 전환하기도 힘듭니다. 이 비즈니스의 본질은 사실 공장과 설비에 많은 투자가 필요한 제조업이기 때문입니다. 그래서 자본 투자자에게는 다른 산업군의 스타트업에 투자할 때보다 더 긴 기다림을 요합니다. 즉, '인내심 있는 자본'이 필요합니다.

박종승 우주산업은 대표적인 '고위험·고비용' 구조의 제조업입니다. 따라서 단기 수익을 추구하는 일반적인 벤처캐피탈만으로는 이 생태계를 안정적으로 이끌기가 어렵습니다. 긴 호흡의 자본, 즉 정부 출자 모태펀드와 인내심 있는 전문 벤처캐피탈이 함께 우주산업의 든든한 동반자가 돼야 생태계가 제대로 뿌리내릴 수 있습니다. 중소기업 CEO들과의 대화를 통해 느낀 점 중 하나는 정부가 출자하는 모태펀드의 자본금을 더 확대할 필요가 있다는 겁니다. 특히 우주 분야는 개발 주기가 길고, 시장 검증까지 시간이 많이 소요되므로 정부 주도의 정책금융이 적극적으로 뒷받침해야 합니다.

심수연 벤처 투자는 초기 자본 조달에 필요하지만, 기업은 응당 매출을 내고 자생할 수 있어야 합니다. 최근 통계를 보니까 국내 우주기업을 통틀어서 연간 매출이 10억 원도 안 되는 곳이 65%나 되고, 10억 원에서 100억 원 사이가 27.3%입니다. 100억 원이라는 문턱을 넘는 우주기업이 전체에서 10%도 되지 않는 상황입니다.[5] 사실 대부분 영세한 기업이라는 뜻입니다. 그 매출도 자세히 들여다보면 누리호 같은 국가 프로젝트의 사이클을 타고 있습니다. 우리 기업들이 자생할 기반이 부족하다는 뜻으로 해석할 수 있는데, 이렇게 된 원인이 뭐라고 생각하시는지요?

박종승 국내 우주기업 대부분이 여전히 매출 100억 원도 넘지 못하는 영세한 수준에 머물러 있다는 점은 우리 우주산업 생태계가 아직도 '걸음마 단계'임을 보여 주는 단적인 예입니다. 이런 현실은 단순히 개별 기업의 문제가 아니라 우주산업 전반의 구조적 한계에서 비롯한다고 봅니다. 우리나라 우주산업은 오랫동안 정부 주도의 수요에 의존해 왔습니다. 위성, 발사체, 지상국 등의 우주 프로젝트 대

---

5) 우주항공청, 〈2024 우주산업 실태조사〉 참조.

부분은 국가 과제 중심으로 기획과 집행이 이루어졌고, 민간이 자율적으로 기획하거나 시장을 창출할 수 있는 환경을 조성하지는 못했습니다. 결과적으로 정부 과제가 끊기면 기업의 생존 자체가 위협받는 구조가 고착했습니다.

정부가 '우주를 미래 산업으로 육성한다'고 선언한지는 꽤 오래됐지만, 아직까지 민간이 실제 사업화까지 나아갈 수 있도록 도와주는 구체적인 로드맵과 실행 계획은 미흡한 상황입니다. 그동안 정부 주도의 연구개발과 일부 정부출연 연구기관 중심의 개발은 계속됐지만, 그것이 실질적인 산업 생태계로 확장되지는 못했습니다. 우주항공청 출범 이후에도 산업적 관점에서 우주를 바라보는 시각은 아직 부족합니다.

지금의 우주산업은 여전히 과기정통부 산하 우주항공청 주도의 연구개발 사업 위주로 운영되고 있습니다. 그러다 보니 특정 기술 개발에 성공해도 적용처가 없어 산업화로 연결하지 못하는 사례가 많습니다. 한편, 국방과학연구소 부설 민군협력진흥원 과제는 시작부터 수요와 용처를 염두에 둡니다. 예를 들어 ADN 추력기 개발 과제는 "반드시 ○○ 위성에 실제로 적용돼야 한다."라는 명확한 목표를 부여하고 진행했습니다. 그 결과 ADN 추력 1N은 국산화에 성공했고, 현재는 중·소형 위성에 실제로 적용할 수 있는 5N급과 20N급을 독자적으로 개발하고 있습니다. 이렇게 연구개발 자체로 끝나지 않고 개발과 동시에 실제 위성에 적용할 수 있도록 '구매 조건부' 사업 또는 산업부의 '소부장 사업'과 연계된 형태로 전환해야 합니다. 한마디로 '개발 → 적용 → 산업화'로 이어지는 선순환 구조가 필요하다는 뜻입니다.

단순한 기술 개발 시대는 지나갔습니다. 기술 개발에 앞서 어디에 쓸지, 어떤 시장과 연결할지, 어떤 위성에 탑재할 수 있을지를 고민해야 하는 시대입니다. 그래서 지금이 바로 우주 개발의 새로운 패러다임을 설정할 전환점이라고 생각합니다.

우주기술 국산화와 스페이스 헤리티지

심수연 현재 글로벌 시장에서 우리가 가장 경쟁력이 있는 부분은 무엇이라고 생각하십니까?

박종승 앞으로는 우주 부품 국산화에 대한 강한 의지와 전략적 접근이 무엇보다 중요합니다. 지금까지 우리가 여러 번 언급했던 ITAR-Free 개념도 결국 자체 기술 확보와 부품 자립화의 문제입니다. 현재까지 국내 우주 부품 분야는 제대로 된 생태계를 아직 마련하지 못한 상황입니다. 물론 스타트업이나 중소기업에서 발사체나 위성의 전체 시스템을 통합하려는 도전도 필요합니다. 하지만 그보다 현실적인 접근은 핵심 부품의 국산화에서 출발해 이를 바탕으로 헤리티지를 쌓고, 수출을 통해 성장 기반을 확보하는 방식입니다.

특히 기존의 '소부장' 전략을 우주산업에 접목한 '우주 소부장' 국산화 추진은 국내 기업의 경쟁력을 높이는 데 매우 효과적일 수 있습니다. 이를 통해 글로벌 시장에서도 통할 수 있는 강소 우주기업이 탄생하리라고 기대합니다.

독일의 아이사르ISAR는 유럽 본토에서 자국 발사체로 위성을 쏘겠다는 도전적인 비전을 세운 우주 스타트업입니다. 그런데 이 ISAR에 6,000억 원가량을 투자한 주체가 뜻밖에도 자동차 제조사인 폭스바겐이라는 사실은 매우 인상 깊습니다. 비슷한 사례로 일본의 인터스텔라 테크놀로지스가 있습니다. 이 기업은 소형 재사용 발사체 개발에 도전 중인 스타트업인데, 여기에 투자한 기업 역시 토요타입니다. 자동차 기업들이 미래 이동 수단과 연계할 수 있는 우주발사체 분야에 적극적으로 투자하고 있다는 세계적인 흐름을 확인할 수 있는 사실입니다.

이런 흐름은 우리나라 기업에도 중요한 시사점을 제시합니다. 현대자동차 역시 이제는 단순한 모빌리티를 넘어 '지구 밖 이동 수단'에 관심을 가질 시점이 도래했다는 의미입니다. 우주는 미래 모빌리티의 확장 영역이며, 자동차 산업과 무관하지 않습니다. 따라서 벤처캐피탈의 영역에 대기업이 참여하고, 우주 스타트업에 전략적 투자를 유도할 수 있는 환경을 제도적으로 뒷받침할 필요가 있습니다. 정부도 이런 흐름을 감지하고 단순 연구개발 지원을 넘어 민간 대기업의 참여를 촉진하는 투자 생태계를 조성해야 할 시점입니다.

예전에 인텔리안 테크$^{\text{Intellian Technologies}}$라는 기업을 방문한 적이 있습니다. 이 회사는 전 세계 선박용 위성통신 안테나 시장의 약 90%를 점유하고 있는 글로벌 강소기업입니다. 특히 흥미로운 점은 우리 내수 시장보다 유럽의 요트와 선박 시장에 수출하는 비중이 훨씬 크다는 사실입니다. 이미 세계적인 경쟁력을 갖춘 기업이라는 의미입니다. 인텔리안 테크 같은 기업이 위성통신 안테나 제작 능력을 바탕으로 지상국 안테나, 군용 전술 통신 안테나, 위성 탑재용 안테나 등의 우주 분야까지 도전 영역을 넓힌다면, 이는 곧 'K-우주 방산'의 중요한 기반이 될 겁니다.

대한민국은 위성 발사 성공을 넘어 우주와 관련한 전후방 장비 분야에서도 글로벌 밸류 체인에 진입할 수 있는 기술력을 이미 보유하고 있습니다. 국내에서 잘 성장한 기술 집약적 수출 중심형 기업이 우주 방산 분야로 진출할 수 있도록 정부가 정책적으로 연계와 지원을 강화했으면 하는 바람입니다.

우리는 이제 '한국형 뉴 스페이스'라는 거대한 여정을 시작했습니다. 그 여정에 이미 글로벌 무대에서 검증받은 우수한 민간기업들이 함께할 수 있도록 산업 간 연계를 적극적으로 추진해야 할 때입니다.

심수연 우주산업에서는 소위 '스페이스 헤리티지', 즉 우주에 다녀온 이력이 있는지를 매우 중요하게 생각합니다. 고객들이 가장 많이 묻는 질문도 "너희는 어떤 헤리티지가 얼마나 있냐?"입니다. 그래서 우주항공청은 누리호를 발사할 때마다 민간기업에 위성 무상 발사 기회를 줍니다. 우리 기업들이 헤리티지를 쌓을 수 있도록 돕자는 취지입니다. 또 위성을 직접 개발하지 못하는 기업들을 위해 12U급 국산 소자·부품 검증 위성에 실어서 부품 단에서도 헤리티지를 쌓을 기회를 주기도 합니다.

지자체 위성도 이와 비슷한 역할을 합니다. 진주샛이 2U급 성공을 딛고 다음 버전인 6U급을 준비하고 있고, 대전샛은 16U급으로 발사를 준비하고 있습니다. 부산샛도 개발 중이라고 알고 있습니다.

그래도 여전히 우주로 갈 기회는 부족합니다. 스타트업이나 중소기업, 대기업 할 것 없이, 그리고 부품을 만드는 회사든 위성 버스를 만드는 회사든 탑재체를 만드는 회사든 간에 우주로 갈 기회가 많아지고 가기 쉬워질수록 글로벌 경쟁력을 빠르게 갖출 수 있습니다. 실패하더라도 빠르게 다시 시도해서 성공할 기회가 계속 생겨야 합니다.

박종승 부품 국산화와 빠른 스페이스 헤리티지 확보는 우리나라 우주산업 발전에 정말 중요한 숙제입니다. 과거 한국항공우주연구원이 위성을 개발할 당시에는 반작용 휠(reaction wheel)[6]과 추력기 등의 핵심 부품을 국내 기술로 확보하지 못해 미국 부품을 사용해야 했습

---

[6] 전기 모터를 이용해 회전체의 속도를 높이거나 낮춰서 그에 따른 반작용으로 위성의 방향을 바꾸는 부품.

니다. 그래서 발사 비용이 더 저렴한 중국, 인도, 유럽 발사체를 이용하고 싶어도 ITAR 규제 때문에 울며 겨자 먹기로 미국 발사체를 선택할 수밖에 없었습니다. 나중에 일부 부품은 유럽산으로 대체했지만, ITAR 규제를 완전히 피할 수는 없었습니다. 아무리 우리나라와 동맹 관계라 해도 미국은 자국의 우주산업과 기업 경쟁력에 영향을 줄 수 있다고 판단하면 예외를 두지 않습니다. 이것이 냉정한 현실입니다. 물론 이에 대한 반작용으로 ITAR-Free 부품 시장이 미국 역외에서 성장하고 있어서 미국도 지금은 자신들의 정책을 재고하는 중이기는 합니다.

또한 아무리 우리가 위성 부품을 국산화해도 해외에 수출하려면 우주에서 한 번이라도 실제로 사용한 경험이 있는지, 즉 '우주 인증$^{Space\ Qualification}$'을 받았는지를 반드시 입증해야 합니다. 외국 바이어들은 기술 자체보다 검증 여부를 더 중요하게 따지기 때문입니다. 결국 아무리 국내에서 완벽하게 제작한 부품이라도 실제 우주 환경에서의 성능 검증 없이는 글로벌 시장에 진출하는 데 한계가 있습니다. 따라서 ITAR-Free 기술 확보와 함께 우주 인증을 통한 신뢰성 확보가 무엇보다 중요합니다.

2025년 3월 14일에 경남 진주시가 대한민국 지자체 가운데 처음으로 위성 발사에 성공했습니다. 미국 캘리포니아주 반덴버그 우주군 기지에서 스페이스X의 팰컨-9 발사체를 이용했습니다. 진주시는 2023년 11월 한 차례 위성 발사를 시도했지만, 사출에 실패한 바 있습니다. 이번에도 똑같은 초소형 위성 '진주샛-원비$^{JINJUSat-1B}$'로 두 번째 도전 끝에 위성 발사에 성공했습니다. 진주샛-원비는 카메라 3대를 장착한 2U 크기의 큐브위성으로, 한국산업기술시험원^{KTL}과 경상국립대학교, 그리고 중소기업이 합작한 성과입니다. 물론 아직은 시작 단계지만, 글로벌 시장에 진출하려면 신호를 보내고 받는 것 이상의 성과로 나아가야 합니다.

그래도 최근에 위성을 제작하거나 우주와 관련 있는 중소기업들을 방문하면서 우리 수준도 상당하다는 사실을 확인할 수 있었기에 매우 희망적으로 생각합니다. 심지어 최근에는 미국의 한 우주 부품 회사가 대한민국의 수준이 어느 정도 올라왔다고 인정했다는 이야기도 들었습니다. K-방산을 향한 러브콜도 많아지고 있으니, 이때를 기회 삼아 상용화한 고체 발사체 또는 액체 발사체에 우주 인증까지 확보한 위성체를 탑재해서 발사한다면 기회의 문은 금방 열릴 수 있다고 예상합니다.

민간의 발전된 기술이 다시 국방 우주로 되돌아오는 선순환 구조를 형성한다면, 우리 우주기술의 경쟁력은 한층 더 강화될 겁니다. 국방과학연구소 부설 민군협력진흥원이 이런 연계의 중심 역할을 할 수 있지만, 2024년 국방 연구개발 예산이 크게 삭감되면서 많은 민·군 겸용 우주 인증 과제가 중단됐다는 점은 다소 아쉽습니다.

이제는 고체 발사체 기술의 민간 이전, ITAR-Free 핵심 부품의 국산화, 그리고 우리 기술로 만든 중소형 발사체를 활용한 우주 인증 확보를 위한 사업에 선택과 집중이 필요합니다. 향후 2~3년간 국가 연구개발과 국방 연구개발을 전략적으로 연계한다면, 대한민국이 충분히 세계 우주 시장에 진입할 수 있는 기술력을 갖추리라고 확신합니다.

지자체나 대학 주도로 설계·제작하는 큐브위성 수준에서 나아가 100~200kg급 실용 소형 위성을 안정적으로 설계하고 발사할 역량 확보가 필요합니다. 이를 위해서는 정부의 정책적 관심과 실질적인 재정 지원을 집중해야 하며, 그런 투자야말로 향후 대한민국 우주산업의 실용화 기반을 다지는 핵심입니다.

심수연 글로벌 시장에서 경쟁력을 확보하는 방법은 물론 여러 가지가 있겠지만, 가장 기본적인 원칙은 역시 자신을 정확히 파악하고 자신이 가장 잘할 수 있는 부분을 단단히 다지는 일이라는 생각이 듭니다. 현재 상황에서 우리 발사체 기업들이 국제 경쟁력을 더 향상하려면 어떤 부분에 힘을 쏟아야 할까요?

박종승 최근에는 중동 지역도 우주 분야에 관한 정책적 관심이 매우 높아지고 있는데, 그중에서도 아랍에미리트^{UAE}는 그런 대표적인 국가 중 하나입니다. 특히 의미 있는 점은 쎄트렉아이와 카이스트를 통해 교류한 UAE의 인재들이 자국의 우주연구기관인 MBRSC에서 핵심적인 역할을 수행하고 있다는 사실입니다. 그들은 대한민국과의 교류를 통해 UAE의 첫 번째 위성을 개발해서 발사했고, 지금은 우주 개발 전반과 정책 결정 과정에서 중요한 역할을 하고 있습니다. 현재 UAE, 카타르, 싱가포르 등은 대한민국 기업에 위성 개발을 적극적으로 의뢰하고 있습니다. 이런 상황이라면 그냥 위성만 수출하는 수준에서 더 나아가 발사 서비스까지 결합한 '패키지형 수출 전략'을 본격적으로 고려할 필요가 있습니다.

또한 폴란드처럼 이미 K-방산 협력이 활발한 국가라 해도 우주 협력을 더 강화할 잠재력은 아직 충분합니다. 예를 들어 '위성체 + 발사체 서비스 + 운용 및 활용 기술'을 묶은 통합 수출 모델을 만든다든지 해서 우주 방산 패키지 전략을 수립하는 방식도 가능하다고 생각합니다. 아울러 K-방산 수출국과의 우주 협력 외연을 확장하고자 한다면 UAE, 사우디아라비아, 카타르, 폴란드 등과 같은 국가에 맞춤형 우주 파트너십을 제안하는 방법도 괜찮아 보입니다.

글로벌 우주 시장을 향한
담대한 발걸음

우주항공청이 가야 할 길

심수연 이번에는 제도적 인프라를 의미하는 거버넌스에 관한 의견을 여쭙고 싶습니다. 2025년 5월 27일에 우주항공청이 개청 1주년을 맞았습니다. 앞으로 나아갈 길이 더 중요하겠지만, 그래도 우주를 전담하는 중앙부처가 드디어 생겼다는 점만으로도 큰 의미가 있다고 생각합니다. 업체의 입장에서 가장 달라진 부분이 뭐냐면 저희 이야기를 들어주는 분이 많아졌다는 점입니다. 과기부 산하 하나의 국에서, 그 국마저도 우주 하나만 담당하지 않았던 시절과 비교하면 상황이 완전히 달라졌습니다. 기대가 큰 만큼 앞으로 더 잘 해 주셨으면 합니다. 계속 언급되는 주제지만, 국방 우주와의 교류와 융합, 기존 연구개발 위주의 정책에서 벗어난 뉴 스페이스 산업 생태계 육성 등이 주요 과제라 생각합니다. 박 소장님께서는 우주항공청의 지난 1년을 어떻게 평가하시는지요?

박종승 굉장히 답변하기 어려운 질문입니다. 우주항공청의 출범은 우리 우주 정책의 새로운 전환점을 마련한 계기로, 긍정적인 변화와 분명한 과제를 동시에 드러내고 있습니다. 무엇보다 긍정적인 부분은 실제 관련 분야 전문가를, 특히 이전보다 혁신적인 마인드를 소유한 인사를 본부의 주요 직위에 기용했다는 점입니다. 그 덕분에 제대로 된 의사결정 및 업무 진행이 가능해진 부분이 있습니다. 예전 관료 중심의 일방적 의사결정에서 벗어나 전문성을 바탕으로 유연하게 소통과 조율을 할 수 있게 됐습니다. 과기정통부 주도 시절과 비교할 때, 실무 현장의 목소리가 정책에 반영될 수 있는 환경이 조성됐다는 점은 분명한 진전입니다.

그러나 여전히 풀지 못한 구조적 한계도 분명합니다. 우선 우주항공청이 과기정통부 산하에 있는 이상 '실질적인 국가 우주 컨트롤 타워'로서의 기능은 제약을 받을 수밖에 없습니다. 정책 간 조율, 부처 간 협력, 산업·안보·과학을 아우르는 전략 수립 등 국가 우주 정책의 종합 지휘본부가 되려면 총리실 또는 대통령 직속기구로의 위상 재정립이 필요합니다.

내부적으로 전문가들이 실질적인 역량을 충분히 발휘하기 어려운 구조 역시 문제입니다. 우주를 과학기술(연구개발)의 관점으로만 접근한다는 한계도 여전합니다. 오늘날의 우주는 단순한 탐구 대상이 아니라 국가 안보와 산업 경쟁력의 핵심 영역입니다. 과학·산업·국방을 통합적으로 조율할 수 있는 정책 철학과 실행 역량이 절실합니다.

그러나 지금부터가 중요합니다. 우주항공청이 존재 자체로 의미 있는 출발점이 된 만큼 앞으로의 변화는 제도와 구조, 인재의 운용 방식에 달려 있습니다. 이제는 관료 중심의 한계를 넘어서기 위한 과감한 조직 혁신, 전략적 역할 조정, 그리고 실질적 실행력 강화가 필요한 시점입니다. 대한민국이 '우주 강국'으로 나아가기 위한 길에서 우주항공청이 진정한 컨트롤 타워로 거듭날 수 있도록 각계의 관심과 제언, 그리고 국가적 차원의 결단이 필요합니다.

우주기술 통합 조정 체계를 구축하라

심수연 저희를 포함해 많은 우주기업이 연구개발비의 많은 부분을 연구개발 과제에 의존하고 있습니다. 산업부와 중소벤처기업부, 우주항공청, 국방 분야 등에 다양한 연구개발 지원 프로그램이 있기는 합니다.

그런데 연구개발 사업에는 여러 한계가 있습니다. 우선 그 틀 안에서 할 수 있는 일이 너무 제한적입니다. 두 번째로 양산이나 사업화 같은 후방의 사이클에 관한 고려가 부족해 일회성 프로젝트에 그치는 측면도 없잖아 있습니다. 마지막으로 그마저도 정책의 일관성이 부족합니다. 지원해 주기로 한 연구개발 비용을 갑자기 삭감하면, 저희 같은 중소기업은 매우 실질적인 영향을 받을 수밖에 없습니다.

우주항공청이 설립된 이후 기획 연구 과제 공고가 두 차례 정도 났는데, 아직은 기존 연구개발 과제들보다 크게 달라진 점이 체감되지는 않습니다. 이에 관한 의견을 말씀해 주시면 좋겠습니다.

박종승 전반적으로 지금 우리가 마주하고 있는 가장 큰 과제는 '연구개발 중심 구조'에서 '산업 중심 구조'로의 시스템 전환입니다. 그 핵심은 오직 기술 개발에서 벗어나 개발한 기술이 실제 산업으로 이어지고 시장에서 쓸 수 있도록 만드는 체계 구축입니다. 이를 위해 가장 먼저 바뀌어야 할 부분은 바로 우주항공청의 위상과 역할입니다.

현재 우주항공청은 과기정통부 산하 외청에 머물러 있습니다. 하지만 '우주처'로의 격상이 필요합니다. 이는 국가 차원의 우주 전략 수립과 산업화를 총괄할 수 있는 독립적이고 실질적인 실행 권한을 가진 조직을 말합니다. 이제는 과거처럼 기술만 개발해 놓고 끝나는 방식으로는 부족합니다. 그 기술이 어디에 쓰일지, 어떻게 시장으로 연결될지, 어떤 구조에서 산업적 파급력을 가질 수 있을지를 고민해야 하는 시점입니다.

특히 2024년은 국가 연구개발이 한 걸음 뒷걸음질 친 해로 기억될 겁니다. 기존에는 씨를 뿌리는 심정으로 '인력 유지'나 '기술 역량 축적' 차원의 소규모 연구 과제들도 지원할 수 있었지만, 그마저도 무너져 버리고 말았습니다. 연구개발 예산 삭감으로 전체 과제 수가 줄고, 과제 기간은 짧아졌으며, 신규 기획은 사실상 중단됐습니다. 이런 구조 속에서는 도전적인 기술 개발도, 민간의 자율적 혁신도 어렵습니다.

따라서 지금은 단순히 예산을 늘리는 차원이 아니라 예산의 구조와 목적, 운영 방식 자체를 다시 설계해야 할 시점입니다. 우주산업이 연구개발에만 갇혀 있지 않고, 실제 산업화·시장화·안보화로 연결되려면 제도 개선이 필요합니다. 그리고 그 첫 출발점이 바로 우주항공청의 위상 재정립과 전략적 체계 구축입니다.

우주 분야도 국방처럼 목표 지향적이고 실험적인 과제 구조로 개편할 필요가 있습니다. 국방과학연구소의 미사일 개발이 세계적인 수준으로 발전한 배경에는 분명한 목표를 설정하고, 그에 맞춘 체계적인 부품 개발 및 통합 방식이 있었습니다. 예를 들어 미사일에 들어가는 추진기관, 구동장치, 항법장치, 추력기, 자세 제어[RCS] 등은 각각 전문 팀이 규격에 맞춰 개발하고, 시험평가를 거쳐 실제 무기 체계에 적용해서 기술을 검증하는 구조로 작동됩니다. 이런 방식이 우주산업 전반, 즉 업스트림, 미드스트림, 다운스트림 영역 모두에 필요합니다.

예를 들어 산업통상자원부의 '소부장' 기금 같은 방식을 활용해 위성과 발사체에 들어가는 핵심 부품을 국산화하고, 이를 실제 시스템에 적용해 보는 '목적형 개발 방식'을 도입해야 합니다. 물론 그렇게 하려면 종합 시스템을 설계할 역량을 갖춘 기업이 필요하며, 그 기업이 어떤 부품을 어떤 기업과 협력해 국산화할지까지 고려하는 전략적 기획이 수반돼야 합니다.

사실 우주와 국방의 기술 경계는 거의 없습니다. 우주기술의 상당수가 국방 기술, 특히 미사일 기술과 동일하거나 유사합니다. 미사일에서 사용하는 단 분리 장치, 폭발 볼트, 자세 제어 장치, 추력기 등은 로켓에도 그대로 적용할 수 있습니다. 일부 부품은 실제로 국방과학연구소가 국방용 부품을 민간 우주발사체에 이전해 적용하기도 했습니다. 이처럼 민·군 협력 과제나 국방 미래도전 과제의 성공 사례는 우주 분야로 확장할 수 있습니다.

2023년 12월 국방과학연구소가 발사한 고체 발사체에 탑재된 SAR 위성은 한화시스템과 한국항공대학교가 함께 설계에 참여해 제작했습니다. 이는 국방부 미래도전 과제를 통해 탄생한 혁신적인 성과입니다. 납작한 형태의 SAR 위성은 650km 고도에서 1m급 해상도를 확보했으며, 미국 뉴욕 맨해튼, 두바이 팜 주메이라 등 주요 지형의 레이더 영상도 공개했습니다. 향후 cm급 해상도로 고도화하면, 글로벌 기업들과 충분히 경쟁할 수 있는 기술 수준이 될 것으로 보입니다. 이런 성공 사례는 단지 기술적 성과에 그치지 않고, 산업 생태계 전반에 걸쳐 파급력을 발휘할 수 있는 구조적 모델입니다.

그러나 안타깝게도 2024년 국가 연구개발 예산의 전반적 삭감으로 이런 도전적이고 전략적인 과제의 추진 동력은 크게 약화한 상황입니다. 단순한 예산 삭감이 아니라 산업 전환의 흐름을 막아서는 정책적 후퇴라는 점에서 우려가 큽니다.

심수연 국방 연구개발과 우주항공청 연구개발 간에 서로 보완적이면서 상호 참고할 만한 지점이 많을 듯합니다.

박종승 국방 연구개발과 우주항공청의 연구개발은 기획 철학, 사업 구조, 성과 활용 방식 등 여러 측면에서 분명한 차이를 보입니다. 하지만 이 두 영역은 서로 보완적이며, 참고할 수 있는 지점도 매우 많습니다. 특히 우주 분야처럼 민·군의 경계가 점점 모호해지고 기술 개발과 운용이 긴밀하게 연결되는 영역에서는 양 부처 간의 조율과 연계가 갈수록 중요해지고 있습니다. 단순 협력을 넘어서 전략적 역할 분담과 자원 공유를 통해 중복을 줄이고 시너지를 극대화할 수 있는 협력 구조를 이제는 본격적으로 고민해야 할 시점입니다. 각자의 강점을 살리되, 국가적 차원에서 통합적 시각과 실행력을 갖춘 체계를 구축하는 작업이 우리 우주 역량을 한 단계 도약시키는 관건이 될 겁니다.

국방부의 연구개발은 명확한 목적과 전력화를 기반으로 움직입니다. 사용자가 명확하고, 소요 기반으로 기획해 '개발 → 시험평가 → 양산 → 작전 운용'까지 하나의 사이클을 갖추고 있습니다. 이 체계 안에서 기업들은 안정적으로 사업에 참여하고, 생태계 내에서 지속적으로 생존하고 성장할 수 있습니다. 우리가 알고 있는 방산업체들이 성장한 배경도 바로 이런 구조 덕분입니다.

한편, 과기정통부의 연구개발 과제 구조는 이런 면에서 한계를 보입니다. 개발 이후의 활용 계획이나 수요 연계가 명확하지 않아 기업 입장에서는 산업화나 사업화로 연결하기 어려운 구조입니다. 이는 과제의 지속성과 민간의 참여 유인을 떨어뜨리는 요인이기도 합니다. 따라서 우주 분야에서는 국방 연구개발과 우주항공청 연구개발 간의 긴밀한 협력 체계 구축이 반드시 필요합니다.

현재 우주항공청 연구개발은 장기적인 기술 확보에 초점을 맞추고 있습니다. 하지만 기술 확보 이후 이를 실제 발사, 운용, 사업화로 연계하는 구조는 다소 미흡한 실정입니다. 국방 연구개발은 전력화를 목표로 한 명확한 체계하에 운영되고 있습니다. 하지만 폐쇄적인 구조여서 민간 확산성과 파급 효과가 제한적이라는 한계도 존재합니다. 따라서 현재 우리나라 우주 개발 체계는 국방부·국방과학연구소, 우주항공청·한국항공우주연구원 등 주요 부처와 기관들이 각자의 목적에 따라 병렬적으로 개별 추진하는 구조로 운영된다고 할 수 있습니다. 일부 분야에서는 국가우주위원회 산하 협의체 등을 통해 협업이 이루어지고 있으나, 대부분 실질적인 연계보다는 형식적 수준의 공조에 머무르고 있는 정도입니다. 특히 과기정통부와 국방부 간 협력은 대부분 양해각서^{MOU} 수준의 선언적 협력에 그치는 실정입니다.

따라서 '우주기술 통합 조정 체계'의 구축을 제안합니다. 이 체계는 단순한 부처 간 협의 수준을 넘어서 실질적인 기술 조정과 자원 통합을 이끌어 낼 수 있는 범정부 차원의 전략 논의 구조로 기능해야 합니다. 구체적으로는 우주항공청과 방위사업청, 한국항공우주연구원, 국방과학연구소, 산업부 관계자, 민간기업 대표, 안보 및 전략 관련 부처 등으로 구성된 상설 논의체를 구성하자는 이야기입니다. 이를 통해 기술 중복 방지 및 공동 기획 조정, 인증 체계, 시험 인프라 활용 등 조정 체계와 병행해 '민·군 융합 우주 로드맵'을 별도로 수립할 필요가 있습니다. 해당 로드맵에서는 EO/IR, SAR, 위성통신, 신호정보 위성 등 주요 임무 분야별로 기술 확보 전략, 민간 응용 및 산업화 방향 등을 단계별로 명확히 구분해 설정해야 합니다.

국방부(방위사업청)와 과기정통부(우주항공청)의 우주 연구개발은 근본 철학과 추진 목적에서 차이가 있지만, 서로 보완적으로 발전할 수 있는 여지가 매우 큽니다. 지금은 여전히 병렬적인 협력 수준에 머물러 있지만, 앞으로는 하나의 통합된 기술 생태계로 발전시켜야 합니다.

심수연 통합된 기술 생태계가 필요하다는 점에 동의합니다. 국방 연구개발 분야에서도 개선할 점이 있을 것 같습니다. 중소기업의 입장에서는 여타 부서의 연구개발과 달리 진입장벽이 높아 보입니다.

박종승 현행 국방 연구개발 사업 추진 방식은 군 요구 성능 결정-선행 연구-탐색 개발-체계 개발까지 복잡한 절차와 시간 투자를 요구하며, 개발 비용 대비 높은 개발 요구사항과 지체상금 등과 같은 사업적 진입 장벽 등은 국내 산업체 육성을 저하하는 요소로 작용합니다. 다른 나라처럼 민간 스타트업이 주도하는 빠른 우주기술 개발 속도에 대응하려면 한국형 뉴 스페이스 기업 육성과 경쟁력 제고를 위한 제도적 혁신이 필수입니다.

연구개발 중심에서 산업 중심으로

심수연 그와 동시에 연구개발을 넘어선 산업화가 필요합니다.
박종승 우주를 바라보는 패러다임을 바꿔야 합니다. 첫째, 정부는 우주산업화 전략의 구체성을 확보해야 합니다. 단순히 '우주 경제 시대'란 구호만 외쳐서는 부족합니다. 산업화로 나아가기 위한 구체적인 방향성과 실행 계획이 반드시 뒷받침돼야 합니다. 지금까지는 연구개발에 초점을 맞췄다면, 앞으로는 산업화와 시장 창출에 집중해야 합니다. 둘째, 우주 정책 거버넌스의 재편입니다. 현재 과기정통부가 중심이 된 연구개발 위주의 우주 정책은 이제 안보와 산업의 축으로 전환해야 할 시점입니다.

다시 말하지만, 이를 위해서는 조직 개편이 필요합니다. 우주항공청이 과기정통부 산하에 머물러서는 국방부, 산업부, 외교부 등 범부처 협력이 어렵습니다. 적어도 총리실 직속 장관급 조직인 '우주처' 형태로 격상해야 국가 차원의 전략 수립과 자원 배분, 민·군 협력, 산업 육성이 유기적으로 이루어질 수 있습니다. 또는 현 체제를 유지하되, 앞서 언급한 '우주기술 통합 조정 체계'를 구현할 수 있는 제도적 장치를 만들어 보완하는 방법도 고려해 볼 수 있겠습니다.

심수연 업계가 우주항공청에 간절히 바라는 바도 우주 활동을 규제나 기술 개발의 측면뿐만 아니라 하나의 산업으로도 바라봐 달라는 겁니다. 산업부에서 담당하던 우주항공산업 업무가 우주항공청으로 이관됐고, 이에 따라 우주항공청에 우주항공산업국이 신설됐습니다. 업계에서 경험과 성과가 많은 국장을 모셔왔고, 우주산업을 육성하겠다는 계획을 만들고 있습니다. 앞으로 산업국의 역할이 중요하다고 생각하고, 기대도 큽니다. 개인적으로는 우주항공청이 산업체의 '우리 편' 같은 존재가 되어 준다면 든든할 것 같습니다.

박종승 우주항공청 출범 이후 우주를 '연구개발 중심'이 아닌 '산업 관점'에서 바라봐야 한다는 목소리가 점점 더 커지고 있습니다. 이는 단순한 예산 배분이나 조직의 위상 문제를 넘어 대한민국이 글로벌 우주 시장의 생태계 경쟁에 본격적으로 진입할 수 있느냐를 가르는 정책적 철학의 문제입니다.

우주를 산업으로 보려면 우주항공청도 산업계를 집요하게 대변

하려는 마인드가 필요합니다. 국내 한 스타트업은 700억 원 남짓한 투자로 발사체를 개발하고 있지만, 유럽의 이자르 에어로스페이스는 6,000억 원 가까운 투자를 받았습니다. 똑같이 중소형 발사체를 개발하는 회사인데, 투자 규모는 8배 이상 차이가 납니다. 심지어 그런 투자를 받은 이자르도 최근 시험발사에서 실패했습니다. 우주산업은 그만큼 고위험·고비용 산업입니다. 단발성 성과로 판단해서는 안 되고, 긴 호흡의 인내와 지지가 필요합니다.

정부가 출자한 모태펀드의 역할도 매우 중요하다고 봅니다. 우주산업에 집중할 모태펀드 조성과 산업 이해도가 높은 전문 벤처캐피탈 육성도 병행해야 합니다. 우주산업 실현을 위해서는 과기부 중심의 연구개발 체계에서 벗어나 산업부, 국방부 등과 연계한 범정부 차원의 전략과 집행 체계뿐만 아니라 앞서 언급한 정신과 끈기와 열정이 필요합니다.

심수연 업계에서 또 많이 요구하는 사항은 연구개발 사업이 아니라 구매 사업을 마련해 달라는 겁니다. 개발 지원도 좋지만, 기업이 개발한 제품을 정부가 사 줬으면 좋겠다는 이야기입니다. 이는 소요제기[7]에서 시작해 양산까지 이어지는 방산 사업과 비슷합니다. 미국은 NASA, 국방부, 국방고등연구계획국 등에서 하는 구매 사업이 매

---

7) 일반적으로 국방부에서 조달이 필요한 군수품의 수량 및 작전 운용 성능(ROC)을 관련 기관에 제시하는 행위를 의미한다.

우 다양합니다. 그 목적이 연구개발을 통한 기술 확보인데도 임무형 과제로 내서 민간의 서비스를 구매하는 방식입니다. 그래서 제안요청서에서 기술의 방식과 요구조건을 세세하게 내기보다는 임무를 주고, 그 임무를 수행할 수 있는 사업체끼리 경쟁하게 하고, 궁극적으로는 서비스를 구매합니다.

구매 조달 사업은 민간에도 좋지만, 정부에도 비용 측면에서 좋은 점이 있다고 생각합니다. 아시다시피 연구개발 과제에서는 가격 경쟁력이나 개발 속도를 고려하지 않습니다. 반면, 구매 조달 사업은 필연적으로 가격과 납기가 계약의 일부가 됩니다.

박종승 정부가 수요를 제시하고, 기업이 이에 응답하는 '구매 사업' 체계로 가려면 기업의 자체 시스템 설계 능력이 필수입니다. 최근 미국 우주사령부는 군사 위성 발사를 위한 발사체 업체를 선정했는데, 스페이스X, ULA, 블루오리진 등이 그 대상이었습니다. 이들은 모두 발사체의 설계와 제작 역량을 갖춘 기업입니다. 미국 정부는 단지 요구 성능과 규격만 제시하고, 기업 간 공정한 경쟁을 통해 최종 선정하는 방식을 취합니다. 이처럼 미국은 민간의 기술 성숙도와 자립적인 시스템 설계 능력을 감안한 구매 중심 구조를 정책적으로 완성해 가고 있습니다.

그러나 우리나라의 현실은 아직 이런 구조와 다소 다릅니다. 발사체나 위성의 시스템 설계 능력은 정부출연 연구기관에 집중되어 있고, 민간기업은 설계보다 제작에 국한한 역할에 머물러 있는 실정입니다. 결국 현재로서는 정부가 민간에 구매 방식으로 사업을 위탁하기에는 구조적 제약이 있습니다. 정부가 구매 사업을 본격화하려면, 기업들이 시스템 설계부터 시작해 통합까지 주도할 능력을 키울 수 있도록 제도적·기술적 기반을 마련해야 합니다.

한 가지 사례로 미사일 개발 과정을 들 수 있습니다. 예를 들어 사거리와 탄두 중량 규격을 정해서 미사일을 개발하겠다는 목표가 주어지면, 먼저 연구기관이 시스템 설계와 부체계 요구조건을 도출합니다. 그 이후에는 해당 부체계의 개발에 적합한 기업들이 참여합니다. 기업들은 선정 평가를 거쳐 개발에 들어가고, 수년간의 개발과 시험평가 과정을 거쳐 최종적으로 양산과 배치 단계로 넘어갑니다. 이런 구조 안에서는 기업들이 단순한 납품업체가 아닌 '설계 참여자'로서 함께 성장할 수 있습니다. 시제 개발 과정에서 설계 역량을 확보하고, 생산 기반도 갖추며, 궁극적으로는 안정적인 경영 기반을 확보할 수 있게 됩니다. 때로는 이 과정에서 나온 시제품이 수출로 이어지는 사례도 있습니다. 최근의 K-방산 수출 사례들, 예를 들어 K9 자주포, K2 전차, 각종 유도무기 수출 등이 바로 이런 목표 지향적 개발 모델의 결과물입니다.

이와 같은 구매 수요 기반의 개발 구조를 이제는 우주산업에도 확대 적용할 필요가 있습니다. 단순히 기술을 확보하는 연구개발 사업에 머물지 않고 '명확한 목표 설정 → 설계 참여 → 시험 → 양산 → 사업화 및 수출'로 이어지는 완결형 개발 모델을 우주산업에도 정착시켜야 할 시점입니다. 예를 들어 EO/IR 위성과 SAR 위성을 별도로 운용하는 방식이 아니라 이 둘을 하나로 통합한 복합형 위성을 개발하자는 구상이 있다고 해 봅시다. 이 방식은 세계적으로도 전례가 거의 없고 매우 도전적인 과제지만, 기술만 확보한다면 향후 상업 시장에서도 경쟁력과 성공 가능성이 충분하다는 평가를 받을 수 있습니다.

그러면 개발 계획과 사업계획서를 만들 수 있고, EO/IR과 SAR 탑재체 개발 기업을 비롯해 플랫폼 제작에 소요되는 자세 제어 장치, 구조체, 우주 전자장치, 항법장치, 배터리 등 부체계를 개발하는 업체들을 참여시킬 수 있습니다. 그런데 리액션 휠, 추력기, 항법장치, 탑재체 등과 같은 핵심 부품이 국산화되어 있지 않거나 기술력이 부족한 상황이라면 '투 트랙$^{\text{two-track}}$' 전략을 적용할 수 있습니다. 즉, 단기적으로는 해외 부품을 구매해 전체 시스템을 우선 구현하고, 중장기적으로는 해당 부품의 국산화를 위한 연구개발 예산을 별도로 확보해 기술 자립을 병행 추진하는 방식입니다.

사실 이런 방식은 우리나라의 미사일 개발 과정에서도 오랜 시간 검증된 전략입니다. 당장 필요한 부품을 국산화하지 못했더라도 해외 부품을 사용해 사업을 먼저 추진하고, 이와 동시에 국산화를 위한 연구를 병행해 왔습니다. 기업 입장에서도 초기에는 수입 부품을 활용하지만, 향후 국산화 수요를 염두에 두고 기술 개발에 투자할 동기를 확보할 수 있습니다. 이런 유연하고 전략적인 개발 방식을 우주산업 전반에 적용한다면, 기술 자립과 산업 경쟁력을 동시에 끌어올릴 수 있을 겁니다.

또한 이런 개발 과정을 한번 거치고 나면 기술이 체계적으로 축적되고, 기업들도 점차 시스템 설계와 통합 역량을 갖추게 됩니다. 그러면 장기적으로는 미국처럼 수요기관이 요구 성능과 규격만 제시하고, 민간기업이 경쟁을 통해 시스템을 제안·제작하는 '구매 사업 모델'로의 전환도 가능할 것으로 기대됩니다. 적극적인 기술 축적과 산업 육성을 통해 궁극적으로는 민간이 주도하는 시장 구조로 발전해 갈 수 있다는 의미입니다.

우주산업 생태계의 선순환 구조

심수연 미국에는 발사체 기업이 많습니다. 스페이스X뿐이 아닙니다. 관찰해 보면 망하는 데도 많고 폐업 직전인 데도 많은데, 그런 기업들까지 국가적으로 지원을 이어갑니다. 아스트라는 기업은 상장폐지를 당했는데, 얼마 전에 4,000만 달러 규모 발사 계약을 체결했다는 소식을 들었습니다. 이유를 추측해 보면, 아마도 미국은 이런 기업들이 여기서 폐업해 버리면 새로운 기업을 찾아 다시 육성하기가 더 어렵다고 생각한 듯합니다.

그리고 미국이 워낙 독점을 싫어하는 나라다 보니 스페이스X가 점점 더 독점적인 지위를 누리는 데 대한 태생적인 반감이 있는 것도 같습니다. 스페이스X의 경쟁자가 계속 나올 수 있도록 해야 한다는 겁니다.

여기서 전제할 사항은 우리는 미국이 아니고, 그만한 자원을 가지고 있지도 않다는 점입니다. 우리는 우리 상황에 맞게 제한된 자원으로 우주산업을 키워야 하는 입장입니다. 업계에서 보면 두 개의 양립된 입장이 있어 보입니다. 중소기업, 스타트업을 모두 포함한 경쟁을 지원하자는 의견과 안정성과 자본이 있는 대기업 위주로 모여서 하나의 성공적인 프로젝트를 하자는 의견입니다. 둘 다 나름의 타당한 이유가 있다고 생각합니다. 이런 점에 관해서는 어떻게 생각하시나요?

박종승 이 부분에 관해서는 평소에도 깊은 고민을 해 왔습니다. 결론부터 말씀드리면, 정부가 기업 간 경쟁에 과도하게 개입하는 방식은 바람직하지 않습니다. 하지만 우리나라의 산업구조를 보면, 대기업 중심의 수직계열화가 여전히 강하게 작동하고 있습니다. 그래서 공정한 경쟁을 저해하는 구조적인 문제가 여전히 남아 있습니다.

우주산업은 민간 중심 생태계로 전환해야 합니다. 하지만 대기업 주도의 일방적 구조는 혁신을 막고, 중소기업과 스타트업의 진입장벽을 높이는 요소로 작용합니다. 특히 우주산업은 막대한 자본과 인력이 필요한 분야이기에 스타트업이 민간 투자만으로 자생하기에는 어려움이 큽니다. 현실은 중소기업 대표와 연구진이 기술 개발보다 투자 유치와 상장 준비에 더 많은 시간을 쏟고 있는 상황입니다.

사실 미사일 분야는 북한의 위협이라는 절박한 안보 환경 속에서 모든 개발을 자립적으로 해야 한다는 사회적 공감대가 형성됐고, 이를 통해 기술 발전이 가능했습니다. 이제 우주산업도 마찬가지입니다. 위성 발사 수요가 급증하고 있는 지금, 스타트업에 전부 맡기기보다는 국가가 일정 기간 적극적으로 견인하고 보육해야 할 시기입니다.

해외 사례는 우리에게 분명한 교훈을 제공합니다. 미국은 NASA 출신의 숙련된 엔지니어들이 민간 우주기업으로 이동하면서 스페이스X, 블루오리진 등과 같은 혁신 기업이 등장했고, 그 덕분에 민간의 우주기술 수준이 수직적으로 도약했습니다. 중국 역시 마찬가지입니다. 중국 항천공사는 DF 시리즈 단거리 및 중장거리 미사일을 포함해 정밀 무기 체계와 우주기술 전반을 개발해 온 핵심 국방 연구개발 기관입니다. 이곳 출신 연구원들만 해도 10개 이상의 우주 스타트업을 창업하며, 민간 우주 시장을 빠르게 확대하고 있습니다. 일본도 예외가 아닙니다. JAXA 출신 인력이 중심이 되어 홋카이도의 인터스텔라 테크놀로지스, 스페이스원 등 민간 우주 기업을 설립하고, 소형 발사체 개발과 상업 발사 시장 진출에 박차를 가하고 있습니다.

이들 사례가 보여 주는 공통된 메시지는 분명합니다. 공공 연구 기관의 인력과 기술이 민간으로 원활히 이전되고, 이를 바탕으로 스타트업이 성장하는 선순환 구조를 구축할 때, 비로소 진정한 우주산업 생태계가 실현된다는 점입니다.

이와 비교하면 대한민국의 현실은 아직도 매우 열악합니다. 한국항공우주연구원이나 국방과학연구소의 우수한 연구 인력들이 민간으로 자유롭게 이동할 수 있는 생태계가 부재합니다. 이들이 민간 우주기업으로 과감하게 갈 수 있어야 하며, 대기업이 아니라 혁신 스타트업에서 체계 통합과 시스템 설계 능력을 발휘할 수 있는 구조가 만들어져야 합니다.

물론 방산 대기업은 우주산업 생태계의 중요한 축입니다. 하지만 인공지능, 로봇, 위성, 발사체 등 첨단 기술 영역의 선도는 대기업 뿐만 아니라 유연하고 창의적인 혁신 기업에도 기회가 주어져야 한다고 생각합니다. 지금 필요한 것은 정부의 '우주산업 개입'이 아니라 생태계 조성과 유인 구조 설계입니다. 대기업 중심 수직계열화는 한편으로 일사불란한 체계라는 장점이 있지만, 반대로 혁신 생태계를 저해할 수도 있습니다.

NASA와 JAXA, 중국 항천공사 등 연구기관 출신의 민간기업 이동 또는 창업을 통해 스타트업이 성장한 사례를 참조해 혁신 인재들이 연구기관에만 머물지 않고, 민간 스타트업으로 자연스럽게 순환 이동할 수 있는 선순환 구조를 만들어야 합니다. 스타트업은 기술·혁신을 담당하는 방식으로 대기업과 혁신 기업이 상호 보완적으로 협력하는 생태계가 만들어져야 합니다. 그리고 정부는 초기에는 수요 견인을 통해 혁신 기업을 인큐베이팅하고, 이후에는 자율 경쟁이 가능한 시스템을 만드는 것이 중요합니다. 이런 토대 위에서만 우리나라 우주산업은 지속 가능하고, 세계와 경쟁할 수 있는 체계로 발전할 수 있습니다.

심수연 현재 세계적인 흐름도 스타트업 및 대학들이 우주기술의 혁신을 견인하는 방향으로 가고 있습니다. 대학 및 중소기업의 체계 개발 역량 강화를 통한 기술의 선순환 구조 정착과 관련된 해외 사례, 그리고 우리의 나아갈 방향 등을 설명해 주실 수 있을까요?

박종승 유럽 우주청과 NASA에서는 자국 우주산업 생태계 활성화를 위해 기술 가속화 명목의 보조금 제공 등 우주 스타트업을 육성하기 위한 정책을 활발히 시행 중입니다. 이에 발맞춰 우리나라에서도 체계 개발 역량을 보유한 중소·중견기업 육성이 위성·발사체 핵심 체계 기술 확보 및 세계 우주산업 시장에서의 영향력 강화를 위해 필수입니다. 기술 실증부터 상용화까지 많은 비용과 인력이 투입되는 우주 사업의 특성상 경쟁력 있는 선도기업을 육성하려면 기술 개발 단계에서 필요한 사업비 증액, 세액 감면, 물량 보장, 우주에 특화된 별도 연구개발 예산 트랙 마련 등과 같은 정부 기관의 다양한 제도적·기술적·사업적 지원이 이루어져야 합니다.

특히 핵심 기술 개발에 대한 실패 부담을 완화하고, 공격적인 기술 개발이 가능한 프로그램 운영이 중요합니다. 기존 기초 연구의 틀을 유지한 상태로 대학과 중소·중견기업이 연계해 신속 개발 및 궤도 검증을 통한 기술의 선순환 구조를 정착화하면, 획득한 혁신 기술을 기반으로 새로운 비즈니스 모델 발굴 및 체계 사업으로 확장에 기여하는 등 자생적 우주산업 생태계를 형성할 수 있습니다.

일본 오사카 지자체에서는 JAXA의 협력하에 20개 단체, 20개 중소기업, 30개 학교로 구성된 오사카 우주 개발 협동조합 개발 체제를 구축해 지구 관측 및 기술 검증 임무의 50kg급 초소형 위성 SOHLA-1 개발에 성공했으며, 그 임무 수행 결과를 기반으로 중소기업의 기술력을 확보했습니다. 일본 규슈대학교에서는 대학생, 대학원생이 주도적으로 개발에 참여해 기존 정보 수집 위성의 개발 비용을 35분의 1 수준으로 낮출 수 있는 100kg급 초소형 SAR 위성 QPS-SAR를 개발했습니다. 확보한 기술력을 바탕으로 i-QPS라는 스타트업을 설립했으며, 현재는 0.7m급 해상도의 이미지 서비스를 제공 중입니다.

독일 슈투트가르트대학교에서도 대학생과 대학원생 주도로 전문 산업 제조업체와의 협력을 통한 120kg급 소형 위성 플라잉 랩탑 Flying Laptop을 개발해 지구·천체 관측, 해상 선박 감시 임무 등 다양한 임무를 수행하고 있습니다. 이와 같은 대학과 중소기업 연계의 우수 사례를 참고해 추격형 개발의 한계를 극복할 수 있는 시스템적 구조 마련이 절실합니다.

도전적이며 선도적인 기술 개발에서 중소기업의 부족한 임무 및 체계 설계, 핵심 기술 관련 분야를 대학의 연구 전문성과 중소기업의 구성품 수준 설계 및 제조 기술 등의 노하우와 결합한다면, 선도형 우주 개발로의 전환을 위한 큰 시너지를 낼 수 있다고 봅니다. 이를 통해 확보 및 검증이 끝난 기술은 국방을 비롯한 정부의 대형 체계 개발 사업의 기반 연구로 활용할 수 있으며, 대기업과 중소기업 간의 선의의 경쟁을 통한 우주력 발전을 기대해 볼 수도 있습니다.

이와 같이 대학-지자체-중소기업-대기업-정부출연 연구원 간 기술의 선순환 구조 속에 지속 발전이 가능한 체계 구축 및 역할 분담이 가능해진다면, 이는 추격형에서 선도형 우주 개발로 전환하는 중요한 출발점이 될 겁니다.

지속 가능성을 위한 인재 양성

심수연 민간의 설계 능력이 부족하다는 말씀을 여러 차례 하셨는데, 그 이유가 무엇이라 보시는지요?

박종승 우리나라의 공학 교육 체계를 보면, 시스템 설계 인력을 체계적으로 양성하는 구조가 아직 미흡합니다. 실제로 시스템 설계자는 대개 정규 교육보다는 연구소나 기업에서 오랜 실무 경험을 거치며 선배들로부터 '하향식' 방식으로 양성됐습니다. 예를 들어 반도체 산업 초기만 해도 대학에서 시스템 설계를 체계적으로 가르치지 않았기 때문에 신입 기술자들은 입사 후 선배들로부터 기술을 하나하나 배워서 성장해야 했습니다. 이런 방식은 일정 수준의 노하우 축적에는 도움이 됐지만, 속도와 체계 면에서는 한계가 분명했습니다.

이를 인식한 정부와 산업계는 최근 들어 전문 인재를 양성하기 위한 새로운 교육 모델을 시도하고 있습니다. 대표적인 예가 카이스트, 서울대, 성균관대 등에서 운영 중인 반도체 시스템 설계 계약학과입니다. 이는 기업이 교육 과정에 직접 참여하고, 학생들에게 장학금과 연계 일자리를 제공하는 방식으로 실무 중심의 고급 인재를 더 빠르게 육성하려는 노력입니다. 이런 시도는 단지 반도체 분야에만 국한한 일이 아니라 우주산업과 같은 전략 기술 분야에도 반드시 확산해야 할 모델입니다. 우주 시스템 설계 역시 수십 년의 경험을 통해 축적되는 특수성이 있지만, 앞으로는 체계적 교육과 인재 양성 시스템 없이는 지속 가능성을 담보하기 어렵기 때문입니다.

과거 우크라이나와의 연구 협력 때문에 대표적인 우주 항공 교육기관인 하리키우항공대학교Kharkiv Aviation Institute를 방문해서 엔진 설계 연구실을 둘러볼 기회가 있었습니다. 그들의 공학 교육 체계는 인상 깊었습니다. 특히 시스템 설계 인재를 체계적으로 양성한다는 점이 눈에 띄었습니다. 관계자가 보여 준 것은 바로 항공기 엔진의 설계도였습니다. 해당 학과는 설립 이후 매년 졸업 프로젝트로 특정 기준의 비행기 엔진 설계 과제를 제시하고 학생들은 이를 바탕으로 실제 엔진 설계를 수행해 왔다고 합니다.

그중에서도 가장 우수한 엔진 설계도가 1:1 크기로 학과 내에 전시되고 있는 모습은 깊은 인상을 심어 줬습니다. 단순한 이론 학습을 넘어, 실제 엔지니어링 설계 경험을 중심으로 한 실천적 교육 방식이 잘 정착되어 있음을 보여 주는 상징적인 장면이었습니다. 세계 최대 수송기인 안토노프Antonov 항공기의 엔진 수석 설계자 역시 하리키우항공대학교 출신이라고 합니다. 그가 졸업 당시 제출했던 최우수 엔진 설계도는 여전히 대학 내에 1:1 실물 크기로 전시되어 있었으며, 학교의 전통과 자부심을 상징하는 대표적인 사례로 소개되고 있었습니다. 하리키우항공대학교가 실제 산업 현장을 이끌어 갈 인재를 배출해 온 역사와 실력을 겸비한 항공우주 전문 교육기관임을 현장에서 깊이 실감할 수 있었습니다.

우크라이나는 소련 시절부터 우주항공산업이 매우 발달한 곳이었습니다. ICBM을 포함한 첨단 미사일 기술, 우주발사체, 위성, 그리고 세계 최대 수송기인 안토노프 An-225 무리야Antonov An-225 Mriya, An-124 '루슬란' 등을 제작한 경험에서 볼 수 있듯이 우주항공 분야에서 세계적인 기술 선진국으로 평가받고 있습니다. 참고로 안토노프는 세계 최대 수송기를 제작한 기업으로 해당 분야에서 독보적인 기술력을 가진 회사입니다. 이런 회사에 들어가기 전부터 학생들에게 실질적인 시스템 설계 경험을 부여한다는 사실에 적잖게 놀랐습니다.

반면, 우리나라의 대학 교육 현실은 이와 다릅니다. 엔진 시스템 설계에 관한 교육은 거의 이루어지지 않고, 대부분 엔진의 해석, 이론, 부분 요소 기술에 관한 교육에 집중합니다. 전체 엔진 시스템을 설계하고 통합하는 훈련은 공학 교육 과정 내에 사실상 부재한 상황입니다. 이런 점에서 보면, 우리도 이제는 설계 통합 능력을 갖춘 인재를 양성하는 교육 체계로의 전환이 필요하다는 생각을 절실히 할 수밖에 없습니다.

심수연 국내 대학에서 수행하는 연구개발도 연구 중심보다는 해외 사례처럼 대학이 소형 위성을 주도적으로 개발할 역량을 갖추는 등 연구 중심과 실용 중심의 역할 분담이 필요한 시점인 듯합니다. 대학의 체질 변화에 방향성을 제시해 주신다면 어떤 점들이 바람직할까요?

박종승 6~8년에 걸쳐 연구 성과를 도출하는 국방특화센터는 최근 1년 단위로 기술이 빠르게 변화하는 세계적 추세에서 볼 때 개선이 필요한 부분으로 반드시 이원화 운영으로 바뀌어야 합니다. 미래 핵심 기술 확보를 위해 기초 연구를 수행하는 기존 국방 분야의 성격을 유지한 형태와 단기간에 핵심 기술 검증이 가능한 위성을 개발해 발사 및 궤도 운영을 통한 실용 기술 확보가 가능하게 하는 신속 개발 형태로 나누어 운영해야 합니다.

이를 위해서는 이제 대학에서도 연구 중심의 교육 커리큘럼에만 국한한 연구 중심 대학이 아닌 실용 학문 커리큘럼에 기반을 둬서 실무 성과 확보가 가능한 특성화 대학 육성의 이원화가 필요합니다. 대학의 역할 강화가 산업체의 경쟁력 향상 및 국가 우주기술 발전을 견인하는 데 중요한 위치이기에 대학의 커리큘럼, 교원 확보, 연구 수행에서도 실질적인 성과 창출이 가능한 교육 체계 혁신에 관한 고민이 필요한 시점입니다.

심수연 그와 동시에 더욱 근본적인 방편으로 어린 학생들이 어떻게 우주 항공 분야에 매력을 느끼게 할 수 있을지도 중요하다고 생각합니다. 전 세계에 '아폴로 키즈'가 많듯이 우리나라의 담대한 우주 프로그램들이 결국 인재 유치에도 도움이 되지 않을까요? 또 우주로 돈을 버는 기업가들이 나서서 윤택한 미래를 보여 주는 모습도 필요하다고 생각합니다. 미국에서 목격하셨듯이 자신들이 만든 하드웨어가 우주에 올라가는 근원적 경험, 속된 말로 '로켓뽕'을 경험할 기회도 많으면 좋겠습니다. 지금은 국가나 대기업에서 인재 육성을 고민하고 있다니 다행이라 생각합니다.

문과생 출신으로 우주 업계에서 일하고 있어서 그런지 문과와 이과를 막론하고 인재들을 환영하고 싶습니다. 우주 업계는 결코 쉽지 않지만, 어디서도 해 보지 못하는 도전적 임무에 직접 참여할 수 있는 매력적인 업계라 생각합니다. 학생들을 비롯한 미래 세대에게 "우주 업계로 오라." 하는 말씀 한마디 부탁드립니다.

박종승 우주는 결국 상상력이 현실이 되는 공간입니다. 단순히 과학자들만의 무대가 아닙니다. 그 안에는 우주를 설계하는 사람, 의미를 해석하는 사람, 새로운 질서를 만들어 가는 사람, 그리고 상상력으로 그려내는 사람까지 다양한 역할이 어우러져야 합니다. 전공에 상관없이 자신에게 스스로 질문을 던지고 그 답을 직접 찾고 싶은 사람이라면 우주산업은 누구에게나 열려 있습니다.

어릴 적에 〈은하철도 999〉를 보며 꿈을 키운 아이가 지금의 스타트업 주인공이 됐듯이 우주의 미래를 배우는 오늘의 학생들이 다가올 내일의 우주 시대에는 주인공이 될 수 있을 겁니다. 오늘 우리가 상상하는 일들이 몇 년 뒤에는 현실이 되고, 더 나아가 국가의 미래를 구성할 수도 있습니다. 그리고 실패해도 괜찮습니다. 뭔가에 실패한 경험조차 다음 도약을 위한 가장 값진 자산이 됩니다.

우주로 가는 여정은 낯설고 도전적인 길이지만, 이와 동시에 상상할 수 있는 모든 것이 실현 가능한 무대이기도 합니다. 그 길에 더 많은 인재가 관심을 갖고 참여해 주길 바랍니다. 대한민국의 우주산업은 이제 새로운 시대에 들어섰습니다. 그 여정은 더 많은 사람이 함께할 때 훨씬 더 멀리 나아갈 수 있습니다.

에필로그

추격형에서 선도형 우주 개발로 나서자

우주는 단지 탐험의 대상이 아닙니다. 이 순간에도 인공지능, 로봇, 위성, 미사일 그리고 6G 기술이 하나의 전략 체계로 맞물리며 글로벌 안보와 경제 지형을 재편하고 있습니다. 이런 거대한 변화 속에서 대한민국이 어떤 길을 택하느냐는 단순한 선택의 문제가 아니라 생존과 번영의 갈림길입니다.

우주로 가는 길은 여전히 어렵습니다. 천문학적 자본과 투자, 기술과 혁신, 제작 역량이 필요하고, 이후에도 수많은 단일 장애점, 즉 고장 시 전체 시스템의 실패를 가져오는 부분을 극복해야만 임무에 성공할 수 있습니다. 성공 이후에도 글로벌 시장에서의 치열한 경쟁이 기다립니다. 자본과 인재의 부족, 국가 프로젝트에 대한 논란 등 수많은 현실의 벽이 존재합니다. 그래도 우리에게는 전략적으로 갖춰야 할 역량이 분명히 있으며, 지금은 비록 추격자일지라도 머지않아 선도자를 따라잡을 수 있다고 믿습니다. 단, 기회는 영원하지 않기에 선구안이 있는 컨트롤 타워와 전략이 시급합니다.

우주산업은 단지 기술 경쟁만이 끝이 아닙니다. 정치와 외교, 산업과 안보, 그리고 미래 세대에 대한 책임이 한데 어우러진 종합적인 도전입니다. 지금까지의 우리는 연구개발과 기술 축적에 몰두해 왔지만, 이제는 생태계를 설계하고 글로벌 시장에서 전략적으로 뛰어들 타이밍입니다. 단순한 기술의 완성이 아니라 '위성 제작-발사-지상 서비스-정보 활용'이라는 패키지를 완성해 수출하는 국가 전략이 필요합니다.

이제 우리는 'K-방산'에서 'K-첨단 우주 방산'으로 진화해야 합니다. 이를 통해 국가 경제의 새로운 성장 동력을 확보해야 합니다. 지금 'K-방산'은 하나의 브랜드가 됐고, 이제는 우주를 포함해 'K-우주 방산'으로 확장해야 할 시점입니다. 우리는 중동, 동유럽, 아시아 국가들과의 안보 협력을 기반으로 우주 패키지를 수출해야 합니다. 대한민국은 인공지능·로봇·우주 등 첨단 미래 기술 분야에 걸쳐 정부 주도에서 민간 주도로, 대기업 주도에서 기술 중심 혁신 주도로 전환해 가야 합니다. 이 과정이 대한민국의 미래 성장 동력을 창출하는 열쇠가 되리라 확신합니다.

대한민국은 중요한 전환점에 와 있습니다. 한편으로는 우주항공청을 포함한 거버넌스 개편과 제도 정비가 시급하며, 다른 한편으로는 글로벌 공급망과 기술 패권 경쟁 속에서 민·관·군의 연합 전략이 절실합니다.

우리는 지금까지 추격자였습니다. 하지만 패러다임을 바꾸고 전략을 갖춘다면 머지않아 선도자가 될 수 있습니다. 그 여정은 고통스럽고 장기전이 되겠지만, 분명히 우리가 나아가야 할 길입니다. 그리고 이 길의 끝에는 단지 산업의 성공만이 아니라 대한민국이라는 국가의 미래가 있습니다.

미래는 준비하는 자의 것입니다. 지금 우리가 움직이지 않으면 그 미래는 결코 우리 것이 될 수 없습니다. 그러므로 지금, 이 자리에서 우주를 향한 전략적 도약을 시작해야 합니다. 그 첫걸음이 바로 우리가 이 책을 통해 나눈 고민과 결심에서 비롯하기를 바랍니다.

6G와 AI 시대의 우주산업

초판 1쇄 2025년 6월 26일 발행
초판 3쇄 2025년 8월 14일 발행

지은이 박종승
엮은이 심수연
펴낸이 김현종
기획총괄 배소라 **출판본부장** 안형태 **책임편집** 이형진
디자인 이미경
마케팅 김예리
미디어·경영지원본부 신혜선 백범선 박윤수 이주리 문상철 신잉걸

펴낸곳 (주)메디치미디어
출판등록 2008년 8월 20일 제300-2008-76호
주소 서울특별시 중구 중림로7길 4, 지하 1층
전화 02-735-3308 **팩스** 02-735-3309
이메일 medici@medicimedia.co.kr **홈페이지** medicimedia.co.kr
페이스북 medicimedia **인스타그램** medicimedia

ⓒ 박종승, 심수연, 2025

ISBN 979-11-5706-448-9 (03320)

이 책에 실린 글과 이미지의 무단 전재·복제를 금합니다.
이 책 내용의 전부 또는 일부를 재사용하려면 반드시 출판사의 동의를 받아야 합니다.
파본은 구입처에서 교환해드립니다.